李学勤

罗哲文 俞伟超 曾宪通 彭卿云

康熙盛世时期

李 默／主编

中华文明是人类历史上最伟大的文明之一，是人类文明发展的主要构成。中华文明丰富、深刻、辉煌、博大，在人类文明中的骨干作用和领导作用人所共知。在人类文明的发源时期，中华文明就是四大古文明之一，是地球上文化的策源地之一。

广东旅游出版社
GUANGDONG TRAVEL & TOURISM PRESS
悦读书·悦旅行·悦享人生

中国·广州

图书在版编目（CIP）数据

康熙盛世时期 / 李默主编 . — 广州 : 广东旅游出
版社 , 2013.1（2024.8 重印）
ISBN 978-7-80766-434-5

Ⅰ . ①康… Ⅱ . ①李… Ⅲ . ①中国历史—清前期—通
俗读物 Ⅳ . ① K249.09

中国版本图书馆 CIP 数据核字 (2012) 第 268005 号

出 版 人：刘志松
总 策 划：李　默
责任编辑：张晶晶　黎　娜
装帧设计：盛世书香工作室　腾飞文化
责任校对：李瑞苑
责任技编：冼志良

康熙盛世时期
KANG XI SHENG SHI SHI QI

广东旅游出版社出版发行
（广东省广州市荔湾区沙面北街 71 号首、二层）
邮编：510130
电话：020-87347732（总编室）020-87348887（销售热线）
投稿邮箱：2026542779@qq.com
印刷：三河市嵩川印刷有限公司
　　　（河北省廊坊市三河市杨庄镇肖庄子村）
开本：650×920mm　16 开
字数：105 千字
印张：10
版次：2013 年 1 月第 1 版
印次：2024 年 8 月第 3 次印刷
定价：45.80 元

出版者识

　　《话说中华文明》是一部全景式图文并茂记录中国文明历史的大书。出版者穷数年之力，会集各方力量——专家、学者、编辑、学术顾问们，在浩如烟海的历史档案、资料、著作中，探珍问宝，追寻中华文明在悠悠历史长河中的灿烂之光。此书的出版，凝聚了编撰者的心血，学术顾问们的智慧。尤其是李学勤先生，亲自动笔写下了序言，更增加了本书沉甸甸的分量。

　　中华文明的历史充满了辉煌与苦难，成就和挫折。它的历史无处不在，决定着我们中国人今天的思想和感情。当今的中国和中国人是中华文明的历史造就的，是中华文明的历史的延伸，也是它的一个组成部分，中华文明的历史之河奔流到现在。

　　中华文明是人类历史上最伟大的文明之一，是人类文明发展的主要构成。中华文明丰富、深刻、辉煌、博大，在人类文明中的骨干作用和领导作用人所共知。在人类文明的发源时期，中国就是四大古国之一，是地球上文化的策源地之一。在人类文明的早期，中华文明成为文明在东方的支柱，公元前后200年间，人类的汉帝国与罗马帝国这两只铁手攫住了地球。在欧洲进入中世纪的时候，中华文明更成为人类文明最主要的领导，它的文明统治东亚，传遍世界。进入近代，中华文明处于自身的重压和西方的欺凌下，但中国人民的斗争史和奋起精神是人类文明历史中不可缺少的一页。

　　五千年的中华文明为人类贡献出了从思想家孔子到科学技术的四大发明、从唐诗宋词到长城运河的伟大创造，贡献出了从诸子百家到宋明理学，从商周铜器到明清文学的深刻内涵，也贡献出了从五霸七强到三国纷争、从文景之治到十大武功的辉煌历史。中华文明的历史绚烂多彩，在人类文明的历史长河中永放光芒。

　　中华文明也是人类历史上最独特的文明，没有哪一个文明像中华文明这样持久，这样统一一致。世界上其他文明不但互相交错，其创造者也都与高加索体质的人种有关，它们是姐妹文明。在人类历史中，只有中华文明才是独特的，它的创造者是中国土地上的中国人民，与其他任何地方的人民都没有关系，它的文化是统一一致的文化，可以不依赖于其他任何文明而生存，但中华文明也绝不是封闭的，它接受他人的文化，也承担自己对于人类的责任。

　　人类进入新世纪，中国的社会经济发展令世人瞩目。人们对于世界未来的政治和经济结构的估计无不以东亚和太平洋为中心，而尤以中国为重点。

　　经济起飞只是当代中国的一个方面，中国的精神文明的建设尤为刻不容缓。如果中国要自觉地发展中华文明，要有意识地使中国的发展具有世界意义，就必须发展强有力的精神文化，这样才能使中华文明的发展进入一个新的阶段，才能形成中国和中华文明的全面现代化。

而中国的精神文化的发展植根于中华文明的伟大传统之中。进入近代之后，在西方文化的冲击下，对于中国文化的价值产生大量的情绪化和激烈冲突的论调。"五四"运动打倒孔家店的口号具有冲破封建束缚的时代意义，对中国文化的发展有不容否认的正面意义，与文化虚无主义是完全不同的。文化虚无主义者否定中国传统文化，在现代化的旗帜下主张全盘西化；而复古主义则沉迷于中国文化的古董，走进反进步、反科学的泥潭。

历史的发展则超越了所有这些论点，产生这些论调的一百多年来的中国近代史已经结束。历史要求中国发展，要求中国走在全世界发展的前列。西化论和复古论都已过时，历史已经要求世界超越西方，中国可以承担起世界的命运，而中国的现实和世界的历史都说明，中国的使命在于它的发展前进，而非倒退。

中华文明走出迷惘的时代，我们这一代处在一个伟大而具有挑战的历史阶段。

总结历史、展望未来，这就是《话说中华文明》的意义和使命。我们创作《话说中华文明》，力求总结和回顾中华文明的全貌，在内容和形式上都开创一个新的局面。在内容结构上，既具有一定的深度，又具有相当的广博性，既有严谨、准确的学术价值，又有活泼、流畅的可读性。我们在本丛书内容纳了中华文明的各个方面，使它综合了大规模学术著作的系统性、严密性和普及读物的全面性、简易性，它既可作为大型工具书检索中华文明的各个成分，又可作为通俗的读物进行浏览。

我们从上世纪90年代初起就开始思考中华文明的历史和现实问题，并逐渐形成了编著《话说中华文明》的设想。在开展这项庞大的文化工程之始，我们就聘请了国内权威学者李学勤、罗哲文、俞伟超、曾宪通、彭卿云诸先生担任学术顾问，他们对计划作了充分讨论，并审阅了大量初稿。我们聘请了广州、香港地区的社会科学学者、大学教师、研究生以及我社编辑人员几十人担任稿件的撰写工作。

通过创作这部书，我们深深地感受到了中华文明的博大精深，也感受到了它的内在缺陷。中华文明具有辉煌的时期，也有苦难的年代，有它灿烂的成就，也有其不足的方面。中华文明在自身中能够吸取充分的经验和教训，就能够使自身健康壮大，成长发展。

通过创作这部书，我们也深深感受到了出版事业的使命和重任。我们希望这部书能受到广大读者的喜爱，起到它所应当起的作用。为中华文明的反省、前进和奋起作一点贡献。

目 录

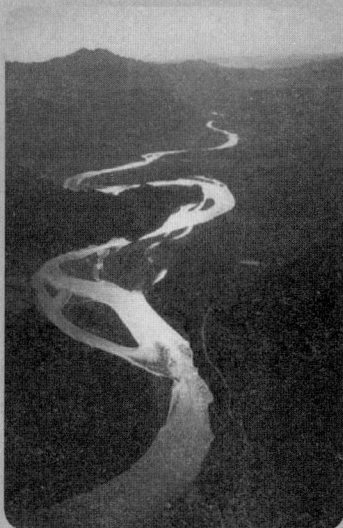

话说 中华文明

康熙盛世时期

康熙盛世时期

清朝

康熙盛世时期

《五方元音》记录北方音

顺治十一年到康熙十二年之间（1654～1673），音韵学家樊腾凤写成《五方元音》一书，成为清代较为重要的《中原音韵》系韵书。

樊腾凤，字凌虚，河北唐山人，生活在明末清初。他在《五方元音》的序言中表明，该书是在《韵略易通》的基础上分合删并而成。

清刻本《五方元音》

该书标目的梆、匏、木、风、斗、土、鸟、雷、竹、虫、石、日、剪、鹊、系、云、金、桥、火、蛙20个声母，与兰茂《韵略易通》的不同之处仅是："早梅诗"有微母（无），而《五方元音》将它归入蛙母。该书所列天、人、龙、羊、牛、獒、虎、驼、蛇、马、豺、地等12韵部，不完全是从语音系统的实际出发，多是根据"一元有十二会""一运有十二世""一岁有十二月""十二地支配十二生肖"等观念牵合而来，但韵部中有将东、洪与庚、青相并，先、全与山、寒相并的情况，可能参照了当时语意，与普通话又接近了一步。

《五方元音》虽属北音系统，在声调上却还有入声将它改配阴声。这可能是樊腾凤为了体现"五方"而有意存古的体现，因为入声在当时的北方早已归入阴、阳平、上、去四声之中，而且也不是北方某个方言的反映。

在编排体例上，《五方元音》书前附有《韵略》，即12韵的等韵图，横列 20 字母，纵列四呼，每呼又依五个声调排列；正文分上、下两卷，各含 6 韵。每卷按声母、声调归字，字下还有简明释义，真是音义兼备，通俗简明。

《五方元音》在清初有一定影响。年希尧、赵培梓先后对它进行过增补、改订，得以传承。

"河西三将"讨逆

人们把张勇、王进宝和赵良栋这三位汉族将领称"河西三将"。他们为平定三藩之乱立下了汗马功劳。康熙十四年（1675）三月，康熙帝采纳巡抚华善之言，授甘肃提督张勇为靖逆将军，仍兼管甘肃提督事务，总督不得节制。张勇部下最得力的战将是西宁总兵王进宝。这一年王进宝先败叛军于河口，又败叛军于新城。随后，又身先士卒，连克安定、金县、临洮等地，断绝兰州外援，并挥军急攻，攻克兰州。兰州克复后，张勇部署收复其他失地。在此之前，张勇举荐天津总兵赵良栋为宁夏提督。三将齐心协力，使陕、甘转危为安。康熙十八年（1679）十二月二十一日，康熙授陕西提督赵良栋为勇略将军，与奋威将军王进宝进军四川，赵良栋统绿旗兵入川后在白水坝等处败叛军，又克龙安府，又夺绵竹。次年正月十一日，在成都二十里铺，吴世蟠属下迎降，赵良栋不久克复成都。这一月，王进宝分兵三路，夺桥斩关，克复保宁和顺庆。康熙二十年（1681），清兵分三路进攻云南，当时王进宝患病，张勇另有任用。赵良栋以一路由四川进兵。吴三桂之孙吴世蟠拼死顽抗，清军围困昆明九个月而未下。赵良栋率军急攻，亲自冒着箭石之险，同叛将郭壮图等殊死拼搏，夺新桥，克三市街，部伍森严，秋毫不犯，以 8 天时间克复昆明而平定了云南。康熙称他是"真伟男子"。三将病逝后，康熙帝深为悼念，赐祭葬，分谥襄壮、忠勇、襄忠，子孙袭爵。

南怀仁铸神勇大炮

　　康熙十三年（1674）八月，康熙命治理历法的南怀仁造火炮应军需之急。于是，南怀仁尽心竭力，运用妙法制造出轻巧的火炮。次年五月，火炮铸成。康熙亲往卢沟桥炮场检验。这种炮炮身小，火力强，命中率极高，可放置在骡马背上行军，非常轻便，容易运输。康熙对此大加称赞。从此，这种火炮大量生产，一年内铸造约350门。清军将士称此炮为"得胜炮"，康熙二十年（1681），康熙帝将其定名为"神威将军炮"，并用它武装八旗军士。

　　南怀仁还向康熙帝呈上《神炮图说》一书。在书中，他详细地介绍了这种炮的制造方法和使用技巧。康熙又谕命南怀仁制造各种型号更有威力的火炮。此后，南怀仁又制造了其他型号的火炮，并对旧炮加以修理。康熙为表彰南怀仁的功劳，加封他为工部右侍郎。南怀仁铸造的火炮，轻便利于登涉，应了军需之急，在铸炮史上值得大书一笔。

南怀仁铸的神威将军炮

梅文鼎融汇中西天文学

　　清康熙十四年（1675），天文学家和数学家梅文鼎从《崇祯历书》入手，研究西洋历算。从此，他结合中国古代已有的天文知识，引进、学习西洋的天文理论，融汇贯通，创获颇多。

　　梅文鼎（1633 ～ 1721）字定九，号勿庵，安徽宣城人。早年跟从罗文宾学天文，后拜倪观湖为师，学习明代《大统历》。1705 年受康熙皇帝召见，讨论历算。一生四处游学，手不释卷。著书 80 多种，主要是关于天文学和数

清末制造的小天体仪

学方面著作，传世的有《勿庵历算全书》29 种 76 卷和《梅氏丛书辑要》23 种 60 卷，包括《历学骈枝》5 卷、《历学疑问》3 卷、《疑问补》2 卷、《交食》4 卷、《七政》、《五星管见》2 卷、《揆日纪要》1 卷、《恒星》纪要 1 卷、《历学问答》1 卷、《杂著》1 卷共 10 种 20 卷天文学方面专门著作。其成就被誉为"国朝算学第一"。

在传统天文学方面，梅文鼎对中国已有的《授时历》、《大统历》、《崇祯历书》等进行了系统的解释和研究。在元郭守敬《授时历》的研究中，他最早提出用几何方法解释求日食三限（初亏、食甚、复圆）时刻和月食五限（初亏、食既、食甚、生兴、复圆）时刻的道理。他利用西方天文学中的球面三角学理论考校《授时历》等，改正了《大统历》中有关交食问题上几个数据错误。在引进西方天文学方面，他重点做了五个方面的工作。（1）系统整理和介绍了散见于《崇祯历书》、《历学会通》以及托勒密《天文学大成》中的西方星辰，并用中国星名全部考出《西国三十杂星考》中的星辰。（2）对《崇祯历书》中关于求太阳、月亮及五星的位置和计算方法也进行了系统整理分析。（3）引进黄道坐标系，用以确定天体位置。（4）介绍与讨论如何用小轮方法来解释某些天体运动的规律，用偏心圆方法来说明太阳的视运动，并对小轮的实在性提出质疑。（5）他还介绍、研究了伊斯兰历法，对回回历中行星的运行与中国旧有历法中五星运行各段互相配合的问题进行了深入的研究。

梅文鼎毕生致力于阐发西学要旨，表彰中学精萃，为融汇中西天文学作出贡献。

布尔尼叛清

康熙十四年（1675）三月，蒙古察哈尔部布尔尼兴兵叛清。布尔尼是林丹汗后裔，康熙八年（1669）袭封和硕亲王。起初布尔尼属下到京，见到京师兵力空虚，城门卫兵皆少年，便想乘三藩乱时，谋劫其父阿布奈兴兵造反，从嫁公主长史辛柱遣弟阿济根向朝廷密报。康熙认为叛情尚未暴露，不便马上派兵，便派侍卫塞棱遍召巴林、翁牛特部王公与布尔尼，只有布尔尼兄弟没到。三月十七日，布尔尼逮捕塞棱，并煽惑奈曼等部在二十五日共同叛清，随即率兵直逼张家口。布尔尼叛乱传到京都，康熙命多罗信郡王鄂札为抚远大将军，大学士、都统图海为副将军，率满洲家丁等前往征讨。四月二十二日，清军在达禄与叛军激战，大获全胜，布尔尼仅以 30 骑逃去。后布尔尼被科尔沁部额附沙津杀死。六月，鄂札、图海班师回朝，康熙帝亲率诸臣在南苑大红门迎接。

尚之信叛而复降

　　康熙十五年（1676）二月二十一日，尚之信派兵包围其父、平南王尚可喜的住处，叛依吴三桂，受封招讨大将军，改旗易服。不久，吴三桂封其为辅德公，后又晋为辅德亲王。尚之信听命于吴，联合郑经，各守边界。尚之信虽然叛依吴三桂，但吴三桂对其并不信任，另任总督董重民、巡抚冯苏分守要冲，又催其出师，索其助饷。尚之信悔不当初。九月，耿精忠降清，尚之信势力更加孤单。而耿降清，仍留靖南王爵，证实了康熙允许自新的话。康熙十五年（1676）十二月，尚之信命人携密疏到扬威大将军、简亲王喇布军前，请予准降，喇布立即代奏。九日，康熙谕尚之信，将其已往之罪并其属下官兵全部赦免，准其立功自赎。康熙十六年（1677）五月，尚之信率广东省文武官兵民等剃发归降。六月，尚之信袭其父尚可喜平南亲王爵。但从此后，他以各种理由拒绝出兵，且酗酒伤人，对藩下投清官员，非辱即杀，民愤很大。康熙十九年（1680）五月，金光祖受康熙之命逮捕尚之信，并将其押回广州处死。

武术门派繁盛

　　清代武术门派繁多，出现了各种拳术套路、器械套路和拳械对练套路。各种民间拳术和器械体系日趋完备，且进一步门派化、理论化，特色更为鲜明。

　　据《清稗类钞》记载，清代拳术有少林拳、太祖拳、梅花拳、十八滚、三步架等六十二个套路。事实上，清代民间拳、械门派还有太极、八极、劈卦、

翻子、形意、八卦等。能反映这一时期拳法发展特点的拳系有太极拳、形意拳、梅花拳和八卦拳。

太极拳是中国武术的一大拳系，清代有陈氏太极拳、杨式太极拳和武式太极拳三种。陈氏太极拳产生于河南省温县陈家沟，创始人是陈氏第九世陈王廷。陈氏拳法的最早套路有太祖下南唐、长拳一百零八势、太极拳五路和炮捶两套，下传到十四世陈长兴时专演太极拳第一路和炮捶一路及双人推手。后来的杨式和武式太极拳即由陈氏太极拳第一路演变而来。陈氏器械最早有枪法、盘罗棒、旋风棍、单刀法、单演及对演双刀法、双剑法、春秋刀法、扑镰法、双铜法等。

形意拳也是清初一大拳种，又名六合拳。六合即指心与意合、气与力合、筋与骨合、手与足合、肘与膝合、肩与胯合。六合拳法始出自山西龙凤姬先生，姬后将拳法传与郑氏，郑传李姓弟子和曹继武，曹再传与山西戴龙邦和河南马学礼，戴马各有传人。形意拳的内容在各地传人的演练中不断充实、变化，又分成山西、河南、河北各派，风格特点不一。形意拳的理论和技术体系在清代已经完整化，其拳谱中有双手、拳经总论、解法必用、手足妙用、锦囊、短手、十九问答、六合十大要序、总打、十二上法易筋经贯气诀等二十二目，拳理相当完备。

梅花拳在清代民间社团中广为传播。创始人不详，据史料记载，康熙年间的杨丙是这一派的重要传人，人称其为梅花拳的第一辈。以后杨丙传齐大壮，齐传唐恒乐，唐再传冯克善，梅花拳习练者日益增多。从清中期开始，梅花拳从河南传到山东临清、德州、直隶等地，不断繁衍传播。

八卦拳也属民间团体中发展起来的拳系，其发展状况与梅花拳相似。据史料记载，乾隆年间民间流传学习八卦掌。到嘉庆年间，习练者入八卦教学八卦拳，清朝中期以后，八卦拳发展为一大拳系。

清代拳法通过宗教团体的方式传播，或者以宗族为核心发展，还可以通过授徒在各地形成派别。各家拳法通过这几种方式迅速繁衍，套路不断增加，内容日趋复杂。从清中期开始，中国武坛门派林立，呈现一派繁盛景象。

少林寺壁画·技击

俄国尼古拉使团入京

康熙十五年（1676）五月，以尼古拉为首的沙皇俄国使团到达北京。

该团是在去年二月从莫斯科起程的，有150余人，在途中尼古拉获悉吴三桂叛乱之事，即向沙皇报告：如有正规军2000名，不仅达斡尔地区，中国长城以外的所有土地，都有可能臣服于沙皇陛下的统治。在中国边境，他还特别接见了1667年叛逃的根特木尔，保证不将其交给清政府。尼古拉到京后，就如何递交国书仪式与清廷发生多次争执，态度蛮横无理，其国书对清廷于1670年提出的交还根特木尔一事未作理会，尼古拉则声称沙皇根本不知此事。五月，康熙帝在太和殿接受尼古拉一行行礼，以茶款待。尼古拉自称奉沙皇旨意，提出12条要求，内有通商贸易，给还被清军逮捕的俄国人，等价交换银4万两以及价值数万两的生丝、熟丝，准来使销售随带货物等等。六月二十日，议政王大臣奉旨议复，拒绝其无理要求。康熙帝先后两次接见了使团，要求俄方勿扰边疆地区，交还叛逃根特木尔等，同时赐尼古拉等鞍马、袍服等物品，七月二十四日，沙俄尼古拉使团离开北京回国。

清军收复福建

康熙十五年（1676）七月，耿精忠部中都尉徐光武秘密派人带书速请清军入闽。至康熙十六年（1677）二月，除郑经尚据有厦门外，清军收复了福建全省。

在三藩叛乱中，耿精忠和郑经为了各自利益反目成仇。康熙十三年（1674）三月十六日，耿精忠叛清，邀郑经会师。但不久二人交恶，遂起战端。次年正月，郑经部屡胜，耿部屡败。郑经军威日盛，而耿军军心惶惶。十五年（1676）七月，耿精忠部中都尉徐光武秘密派人携书，驰马赴告衢州守将马九玉。不久，马九玉派心腹向奉命大将军、康亲王杰书纳款。本月十六日，马九玉率军绕道常山、玉山，由河口分水关进入福建。杰书命宁海将军喇哈达、都统赖塔等将士尾随其后。二十日，清军进入福建关隘仙霞关，耿部守将献城迎降。二十一日，清军收复浦城。九月，赖塔等部清军继续奋战，一举攻克了建阳、建宁等府城。同月内，杰书统兵到达延平，耿部守将耿继美等开城降清。耿精忠知道势不可为，顿生降意。同月十九日，他剃发易服，派子耿显祚等向杰书献印请降。十月，杰书率所部清兵抵达福州，耿精忠亲自出城迎接。清军入城贴安民告示，传檄各府县。接着，清军又连连取胜，夺取了郑经所据有的兴化、泉州、漳州等府，郑部孤军作战，士气沮丧，溃散奔逃。郑经知道与耿交恶，清军渔利，于是放弃漳州，被迫退守厦门。

碑学兴起

　　清初帖学风行，书风日趋纤弱衰颓，一些书家从秦汉碑铭中得到启发，主张以古朴怪拙的书风来纠正当时风尚，他们都擅长隶字，结体精致，运笔遒劲。主要代表有郑簠、陈恭尹、朱彝尊、王时敏、巴慰祖等。

　　到乾隆年间，金石学、考据学日益发展，摹拓广为流传，书法也渐渐开拓了"碑学"的新领域。"扬州八怪"继清初隶书名家之后，融合秦篆、汉隶及北朝碑刻的用笔，以整肃和奇变各出新意，开"碑学"风气之先。郑燮书如其画，别具"狂怪"意趣。他自创"六

王时敏像

011

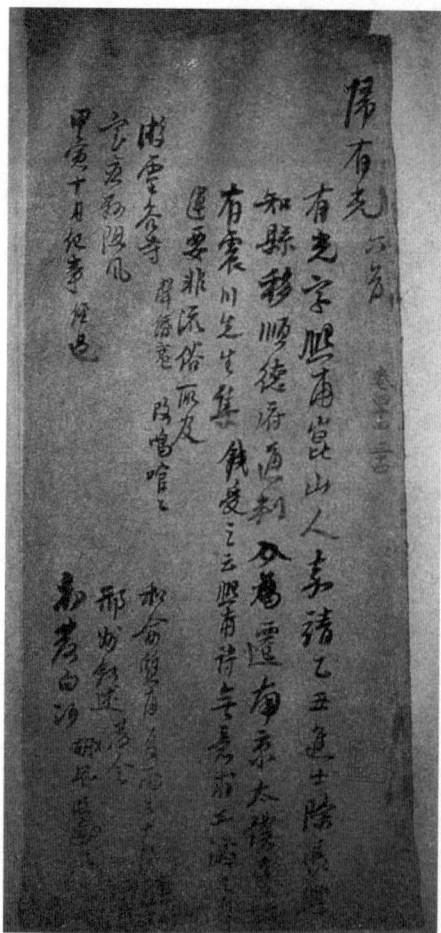

"分半书"，在圆转连绵的行楷笔划中，渗入隶书、行书笔势，还杂以兰竹画法，结体扁形，又多夸张，章法别致，疏密相间，错落有序，人称"乱石铺街体"，但狂怪之中仍有法度。金农书体被称为"漆书"，用笔多侧锋，棱角分明，点画浓重，坚挺而古朴，既有汉隶之意，又融有金石篆刻之味和作画的笔意，具有强烈的个性和独特的风貌。

清代后期，帖学日衰，碑学大兴，学书法者从秦汉及南北朝碑版中创造出一种气势雄强的书坛新风。宗碑名家辈出，尤以何绍基、赵之谦、吴昌硕最为著名。何绍基（1799~1873），字子贞，号东洲，湖南道州人。中年极意北碑，从周秦西汉古籀篆至元朝南北碑，均潜心研习。他还自创回腕执笔法，书风日渐坚毅。晚年，草篆分行冶为一炉，自成一家。赵之谦各体皆精。他初学颜真卿，后受包世臣影响，改习北碑，得悟"钩捺抵送、万毫齐力"之法。工篆隶行楷。行楷出入北碑，融篆隶笔法，结体丰盈而不乏北碑沉雄之气，人称"颜底魏画"。隶书掺以楷法，结体匀称。篆书突破玉著篆的格式，运笔藏露得体，字体方圆多变。行草中亦有北碑方峻之笔。吴昌硕，初习楷书，后转而写隶，中年以后专攻《石鼓文》等秦代石刻。其篆书作品脱胎于《石鼓文》，凝练遒劲，貌拙气酣，刚柔相济。晚年常以篆隶笔法作狂草，不拘一格，气象雄阔深厚，也颇具个性特点。

朱彝尊《明诗综手稿》

靳辅任河道总督治理黄河

康熙十六年（1677）二月二十四日，靳辅升任河道总督。

当时，苏北地区海口淤塞，漕运受阻，百姓受灾。靳辅到达宿迁（今江苏省宿迁县）即开印任事，亲往灾区实地勘察，并上疏康熙。康熙坚决支持靳辅治理黄河。靳辅，字紫垣，汉军镶黄旗人。靳辅治河的指导思想是从全局出发，重点施工。他首先挑清江浦以下，历云梯关至海口一带的河身，加筑两岸河堤，用筑堤束水刷沙法整治下流，导黄淮入海；第二，用筑土御水法，堵塞黄、淮各处决口；第三，疏浚清口，使淮河能直奔清口，与黄河会合冲沙；第四，修筑高堰坦坡，缓和凶猛的水势。另外，他又提出预征补还、裁汰冗员、明定职守、奖惩严明等措施。

在这以后的 10 年时间里，他总结民间宝贵的经验，继承和发扬我国治河的优良传统，在治河方面取得了杰出成就。

清人绘《黄河筑堤图》

设立南书房

康熙十六年（1677）十月，清政府设立南书房。

康熙帝酷爱读书，常感到内侍中没有学识渊博的人，以致讨论不能应对。本年十月二十日，他谕示大学士勒德洪、明珠，让他们在翰林内选择博学善书者二名，常侍左右，讲求文义，备不时宣召，并命在城内拨给房屋，停其升转，在内侍从几年后，酌情优用。十一月十八日，大学士等遵旨议复，设立南书房，侍讲学士张英，以及高士奇、励杜纳入值南书房。

南书房位于乾清宫斜对面，偏西向北，即乾清门右阶下。因其位于康熙新书房懋勤殿之南，故称南书房。入值南书房内廷翰林，不仅辅导玄烨（圣祖）读书写字，还代拟谕旨，编辑书籍，在清廷政治生活中有重要作用。而入值南书房者也多为汉族人，康熙与入值诸臣吟诗作画，钓鱼赏花，剖析经义，讨论时政，有如师友，感情极为融洽。康熙对入值者备加信任，不次擢用，而且对他们特别关照，如果他们偶有过失，他也曲予保全。

陈潢治河

陈潢（1637 ~ 1688），字天一，号省斋，浙江秀水（今嘉兴）人。他平生留心于"经世致用"之学，尤其注意水利的研究，成为一位平民出身的卓越的水文地理学家和治黄专家。陈潢青年时代受聘做了安徽巡抚靳辅（1633 ~ 1692）的幕客，在兴修水利、开垦荒地等方面取得了显著的政绩。

陈潢进一步阐明了明代潘季驯的治水理论，认为流水有一定的规律，治水应掌握其规律，因势利导。他认为流水最主要的规律就是"趋下"。因此，流水避逆而趋顺，避塞而趋疏，避远而趋近，避险阻而趋理易。黄河的三大特点是"善淤、善决、善徙"，而善淤是其最根本之点。陈潢正确地认识治

康熙盛世时期

清冽黄河上游

河必先治沙，要治沙就要对黄河全盘考虑，才能达到治本的目的。在治黄方法上，陈潢继承和发展了潘季驯筑堤束水，以水攻沙的思想，但同时他采取因地制宜、勘察审势的方法，主张河水该分则分、该合则合。另外，陈潢还创造性地发明了测水法，相当于现在的测量流速流量的方法。这是陈潢对中国水利事业的重大贡献。

陈潢为后人留下了《河防述言》及《治河方略》两部著作，都是中国古代治黄的重要著作。

水满沙多的晋陕峡谷

康熙设博学鸿儒

　　康熙十七年（1678）正月二十三日，康熙帝下令晓谕吏部，命令在京三品以上官员及六科给事中与都察院各道监察御史、在外总督、巡抚、布政使、按察使，分别举荐不论已仕未仕学行兼优、文词卓越者，以便亲试录用。起初，大学士李霨等举荐原任副使道曹溶等77人，原令他们从速起程，但有一部分人以病辞，以其他原因辞，康熙帝又再次颁旨，命督抚速将博学鸿儒送到京城，至康熙十八年三月一日，博学鸿儒科在体仁阁考试，参试者143人，试题为"璇玑玉衡赋"和"省耕诗"五言排律二十韵。同一天，康熙命吏部尚书郝惟纳等宣谕："你们都是非常有才学的，原可不必考试，但考试正能显示你们的才华。"三月二十九日，取中一等彭孙遹等20人，二等李来泰等30人，授以职衔，俱入史馆，纂修《明史》。

故宫体仁阁——博学鸿儒试坊

其未中者或回任，或候补，或回籍，年老者予以职衔，以示恩荣。告病者不必补试。五月十七日，授取中邵吴远为侍读，汤斌等四人为侍讲，彭孙遹等18人为编修，倪灿等27人为检讨，职衔均属翰林院官。

京师发生大地震

康熙十八年（1679）七月二十八日上午九时至晚七时，京师发生强烈地震。当时白昼昏黑，地声如雷轰，势如涛涌，震倒了顺承、德胜、海岱、彰仪等门，城墙坍毁，难以数计。宫殿、官邸、民居，十倒七八，官员士民死者不可胜记。二十九日、三十日，京师又大震，臣民露宿街头，八月八日、十二日、十三日又大震，京城附近300里内，压死人民极多，二十六日晚和九月二十五日，京师再次大震，地震波及远近10省区。清廷命发内库银10万两赈济灾民，八月十五日，康熙帝派官告祭天坛。九月十八日，余震不止，康熙帝亲率诸王，文武官员到天坛祈祷。不久，清廷命酌情豁免发生灾情地区的地丁额赋。康熙十九年（1680）四月十八日上午九时至下午一时，京师再次大震，其声如雷。二十九日，从午五时起，连震四次，房屋摇动，官民只得再次彻夜露宿。五月十八日，余震仍未宁息。这一次大地震，给京师地区造成了极大损失，人员伤亡也十分严重。清政府对灾区进行赈济，并进行一系列救灾措施。

历算家薛凤祚去世

康熙十九年（1680），著名经学家、历算学家薛凤祚因病去世，终年82岁。

薛凤祚，字仪甫，山东淄川（今淄博市）人，自幼喜学计算，他曾师事孙奇逢，信奉理学，有《圣学心传》。顺治年间，他同波兰传教士穆尼阁讨论数学，从此改从西学算法，同时，他也并不拘泥于穆氏之学。薛凤祚翻译了穆尼阁的《天步真原》，继之又作《天学会通》。薛凤祚所学贯通中西，被誉为一代历算学家的"功首"，在数学上他与王锡阐齐名。他的作品还有《算学会通正集》、《致用》、《西域表》、《今西法选要》等多种著作，又有《两河清江考》，内容涉及天文、数学、医学、物理、水利、火器等各个方面，他的一生都贡献给了科学事业。

黄性震主持"修来馆"

康熙十八年（1679）二月，黄性震在漳州设立并主持"修来馆"。

黄性震，字起元，号静庵，福建漳浦人。黄性震听说福建新总督姚启圣虚心求贤，便呈上平海条陈十便，请求建立"修来馆"，收纳投诚将士，削弱郑经实力。姚启圣采纳建议，由他持"修来馆"，规定：郑部文官投诚，从原衔题请，准予照职推补；武官投归，题请换札，保题现任职务。兵民归时，头发全长者赏银50两，短者赏20两，愿入伍者，即拨兵饷；愿归农者，送回原籍，妥善安置，而且对他们实行一系列优惠政策，不准地方豪强欺压、掠辱。在康熙帝平定三藩、攻取台湾中，"修来馆"发挥了重要作用。

清军占厦门

康熙十九年（1680）初，郑经水师集中在海坛。二月，福建巡抚吴兴祚、水师提督万正色等会同定议，命水陆官兵，攻取厦门。福建水师提督万正色率水师由定海先行出洋，六日航近福建海坛，兵分六队，直冲而入，并力夹攻，炮火齐发，击沉郑经舰16艘。二月二十三日，清军克复海坛。海坛既失，厦门难保。而郑经部下吴桂、罗士铃纷纷致书清陆路总督杨捷，详述厦门情况，并愿投诚报效。杨捷兵分三路，直取厦门。郑经想反攻，但军中久已无粮，各路部兵又一败再败；朱天贵败于崇武，陈昌献海澄降清，刘国轩退回厦门。

郑经无奈，率众人登舟回到澎湖。厦门总兵黄瑞率部降清，二月二十八日，清军克复厦门。杨捷与姚启圣又合兵一处，乘胜攻取金门、铜山。郑经与刘国轩等败走台湾。三月十四日，清奉命大将军、康亲王杰书等向康熙上疏奏报：福建沿海诸岛均已被清军收复。这样，郑氏在福建沿海所据有的地盘尽归于清。兵败如山倒，郑氏部将朱天贵于六月十五日降，江机也带官兵44000余人降，从此，郑氏集团被击溃，一蹶不振。

康熙盛世时期

福建东山岛铜山水寨。郑成功当年在此屯兵，训练水师。

清朝

1681A.D. 清康熙二十年

郑经死，子郑克塽嗣为延平王。

十月，云南省城破，吴世璠自杀。

1682A.D. 清康熙二十一年

正月，耿精忠等分别凌迟及枭、斩。

名学者顾炎武、陈维崧死。

1683A.D. 清康熙二十二年

六月，施琅取澎湖，刘国轩败走台湾，七月，郑克塽遣使赍降表至施琅军前，八月，琅至台湾，郑克塽等剃发受诏。

1685A.D. 清康熙二十四年

正月，谕萨布素进攻罗刹。三月，彭春等攻下雅克萨。词人纳兰性德卒。

1687A.D. 清康熙二十六年

七月，以俄罗斯分界使臣抵蒙古境，命萨布素撤兵回黑龙江。

1688A.D. 清康熙二十七年

九月，噶尔丹遣使进贡并请贸易。十一月，遣使并请达赖喇嘛派人会同调停噶尔丹等争端。

1689A.D. 清康熙二十八年

正月，圣祖二次南巡，至会稽，闰三月回。再遣索额图赴尼布楚与俄罗斯使臣分界立约。

1684A.D.

教皇英诺森十一世组织神圣同盟，包括威尼斯、奥地利与波兰，共同抗拒土耳其。

高乃依去世。

1686A.D.

法兰西帝国、西班牙、荷兰、瑞典等缔结奥格斯堡同盟，共同反抗法国（按：此为第二次反法同盟）。

1687A.D.

英格兰詹姆斯二世颁布第一次"信仰自由宣言"，企图使天主教与英国国教立于同等地位。牛顿作《自然哲学的数学原理》。

1689A.D.

2月13日，英格兰临时议会以英国王冠献威廉与玛丽二人。同日发表"人权宣言"。

英、法两国在北美洲之"威廉王战争"始。

1690A.D.

威廉渡海赴爱尔兰，击溃詹姆斯军，詹姆斯二世逃返法国。

郑经病逝·台湾内乱

康熙二十年（1681）正月二十八日，郑经在台湾病逝，终年 39 岁。郑经于康熙十九年（1680）三月十二日败回台湾，从此放纵酒色，不复料理朝政。同时，他下令征兵敛财，百姓怨声载道。十一月，他令长子、"监国世孙"郑克臧断一切事宜。郑经病逝后，郑经侍卫、宠臣冯锡范与郑经诸兄弟密谋，将其缢杀于内庭。冯锡范打算再立其女婿、郑经次子郑克塽，于是，联名文武百官，请郑成功妻。二月一日，董太妃携年仅 11 岁的郑克塽即延平王之位，并以郑聪为辅政公，封冯锡范为忠诚伯，刘国轩为武平侯。

从此，台湾危如累卵，一方面大权集于冯锡范、刘国轩二人之手；另一方面，经过连年战争，把福建沿海的地盘丢了。

康熙推广种痘

天花病又叫"出痘"，清初，其流行之广令人畏惧。康熙二十年（1681），北方已经从江南引进种痘的方法，医生朱纯嘏曾经为皇子种痘，证明天花病可以通过种痘来预防。因此，康熙帝大力提倡种痘法。刚开始，许多人畏惧种痘，把这看成是十分怪异之事，但康熙意志坚定，坚决在全国范围大力推广，不但使皇族子女、大臣及子女均因种痘得以免除痛苦，而且命令边外四十九旗及喀尔喀蒙古种痘，且卓见成效。千万人也因此而免除了性命危险，事实证明，康熙帝对种痘的提倡、推广是十分有成效的活动。这一活动甚至影响到周边国家，康熙二十六年（1687），俄国派专人来到中国，学习种痘法和有关的医学知识。

痘疹患者画像。18 世纪天花患者的画像

清军攻占昆明·三藩之乱结束

康熙二十年（1681）二月，清军定远平寇大将军章泰、征南大将军赖塔兵抵昆明，取得归化寺大捷，大败吴世璠军。十月，清军各路将帅以重兵围困昆明，吴世璠死守昆明。十八日，在康熙帝旨意下，清军攻取昆明的战役开始，征南大将军赖塔进军银锭山，绥远将军蔡毓荣领兵夺取重关和太平桥，勇略将军赵良栋、征南将军穆占等挥军夺取东、西二寺。二十二日，清军再次猛攻昆明，取得胜桥、大东门、草海和华浦。吴军城中断绝了粮草、火药供应，军心惶惶。吴军将领余从龙等出城投降，线缄等人密谋生擒吴世璠、郭壮图以献清军。二十八日，吴世璠、郭壮图及其子自杀。二十九日，线缄、吴国柱等将领开城迎降，清军于是进入昆明城，清军戮吴世璠尸体，传首京师。这一次战役，吴军投降文武官员有1580余人，士卒有5130余名。到这时，云南大捷，三藩之乱结束。康熙二十一年（1682）正月，康熙帝命将吴三桂骸骨分发各省，将吴世璠首级悬挂示众，其死党夏国相凌迟处死，巴养元等五人立即斩首，其余人根据罪情分别处置。

平定吴三桂后清廷
颁布的善后诏谕

清重视方略体制

　　方略，是中国封建王朝记述重大军事活动的纪事本末体史书。它主要依据各地官员的奏报和皇帝的谕旨、诏令等材料，由官方汇编成册，以记述用兵始末、颂扬武功。康熙二十一年（1682），康熙设方略馆，之后遭撤后重开，方略馆成为清廷一个常设机构，方略体制重现。

　　在中国封建社会，编纂方略始于清朝以前，而以清朝为多，尤以康熙最为重视。这大致与康熙帝有宏图大略有关。康熙二十一年设方略馆，负责编纂记述康熙平定吴三桂、尚之信、耿精忠三藩叛乱史事之《平定三逆方略》，开清朝编纂方略之先河。此后，方略馆又编纂了记述康熙3次出兵征讨准噶

康熙二十年（1681）造神威将军炮

尔的《平定朔漠方略》。书成后，方略馆也遭撤销。乾隆十三年（1748），御准重开方略馆，隶属于军机处。方略馆总裁也是由军机大臣兼任。自此直至宣统三年（1911），"责任内阁"成立。军机处撤销时，方略馆一直作为清的一个常设机构运转。

就清方略收编的内容来看，极为繁杂。凡有关用兵的条陈、建议、训练、军队调遣、军需供给、粮饷弹药、军事工程以及用兵战略战术、战斗进展、敌我双方人员损失等，无所不收。此外，对有关官员的升迁调补和奖惩抚恤等也进行收编。可以说，一部方略就是一次军事活动的全部反映。从中可以了解一次军事活动的全部过程，因此，方略对于研究中国封建王朝的军事活动很有价值。但是方略也存在不少缺憾，如其所收比较简单，没有原奏折详细，而且收编原奏折的内容，还需进行选择和删改等。

清朝编纂的方略很多，编于康熙十一年的《平定三逆方略》，共60卷，勒德洪、明珠等编；编于康熙四十七年（1708）的《平定朔漠方略》48卷，温达等编；乾隆十三年（1748）的《平定金川方略》，32卷，来保等编；乾隆三十七年（1772）的《平定准噶尔方略》，172卷，傅恒等编；乾隆四十六年（1781）的《平定两金川方略》，152卷，阿桂等编；嘉庆十五年（1810）有《剿平三省邪匪方略》，409卷，庆桂等编；道光九年（1829）的《平定回疆剿擒逆裔方略》，80卷，曹振镛等编。另外，同治十一年（1872）的《剿平粤匪方略》，420卷，《剿平捻匪方略》320卷；光绪二十二年（1896）的《平定陕甘新疆回匪方略》320卷、《平定云南回匪方略》50卷等。

王锡阐研算天文

清初，清政府开始重视培养中国的天文历算家。康熙即位后更是大力提倡钻研天文历法，且身体力行，因此官方和民间在这方面的学习研究都空前活跃，取得不少成就。王锡阐便是民间天文学家中一个出类拔萃的人物。

王锡阐（1628～1682），字寅旭，号晓庵，江苏吴江人。他在西学传入中国后，结合中国情况努力学习并加以消化吸收。他靠自学刻苦钻研天文历法而使自己在不少方面超过钦天监官员水平。他的著述极丰，其中《晓庵新法》被收入《四库全书》中，另有收入《木犀轩丛书》、《晓庵先生文集》的天文学著作《历法表》、《六统历法启蒙》、《历策》、《历说》、《日月左右旋问答》、《五星行度解》、《推步交朔序》、《步交会》及《测日小记序》等等。在代表作《晓庵新法》中，王锡阐叙述了他首创的日月食初亏、复圆方位角的计算方法，这种计算方法在当时欧洲天文学史还未涉及到。王锡阐还将日食原理应用到水星、金星凌日问题上，创造了独特的水星、金星凌日计算法。在该书中，他也提出关于视差、时差、昼夜长短、晨昏蒙影、月及内行星的相位现象、朔、望、节气发生的时刻等一系列问题的计算方法。

　　王锡阐认为，中历、西历各有短长，汉代历法虽疏而"创始之功不可泯"，旧法有缺陷应加以改进而"不可遽废"，并真知灼见地指出《西洋新法历书》中的许多错误。王锡阐被誉为能"考正古法之误而存其是；择取西说之长而去其短"的异士。

康熙准备反击俄国

　　康熙二十二年（1683）三月八日，康熙帝准备反击俄国入侵者，下令勘察河道、修建战船，并确定运送军粮的路线和地点。盛京刑部侍郎噶尔图建议在吉林造百艘船，可以由伊屯门（吉林伊通）运粮到松花江，并在伊屯门、伊屯口筑粮仓存贮。四月四日，已移驻黑龙江的清军，由蒙古乌朱穆秦部发兵，索伦部准备军需物品，以捕鹿为掩护迷惑俄军。八日，康熙命宁古塔将军巴海留守乌喇，由萨布素统兵出发，等到七八月间兵到雅克萨后，根据情况奏明进兵时间，又选 2000 匹马，发往索伦地方放牧，京城旗兵一到就可以换马前行。闰六月，俄军头目梅利尼克带领一支由 67 名哥萨克兵组成的侵略队伍，从雅克萨沿江而下侵入中国额苏里地方，遭到清军包围。梅利尼克等投降，清军相继收复了雅克萨外围的多伦禅、西林穆宾斯克和结雅斯克等。九月九日，理藩院释放俄国俘虏宜番、米海罗莫罗对及其余人员，并命其带理藩院咨文回雅克萨。信中晓谕俄国方面改前过错，将根特木尔等在逃人员送回清政府，并从雅克萨撤回俄国，以维护两国边界地区的安定与和平，否则，清政府将出兵，永驻额苏里。十月二十五日，康熙帝命萨布素为黑龙江将军，并命令副都统穆秦于次年三月率兵到黑龙江城，不久，清政府又从吉林到黑龙江城设十处驿站。这样，清朝全面反击俄国侵略者的准备工作基本就绪。

施琅平台湾·台湾设一府三县

康熙二十二年（1683）五月，康熙帝催促福建水师提督施琅进取澎湖。六月十一日，施琅在铜山动员随征诸将，十四日，施琅率2万余名水师，300余艘战船，绕道澎湖南，十五日，攻克猫屿、花屿，当晚船泊澎湖。十六日，两军对垒，从十七日到二十日，施琅将清军集结在澎湖罩屿。二十二日，清军与郑氏军队进行了一场激烈搏斗，鏖战一日之后，攻下澎湖列岛，刘国轩仅率大小31只船败回台湾。二十四日，刘国轩向郑克塽、冯锡范等讲述战败经过，何佑等人纷纷同清军秘密联系，请施琅速速攻取台湾，情愿作内应。刘国轩经过思索，决定归清。闰六月，郑克塽决定同清政府商议归降之事。

施琅统一台湾纪功碑

清人绘《台湾风俗图》之采甘蔗

台南赤嵌楼

七月二十七日，康熙下达敕谕，希望郑克塽诚心投归，并强调说决不失信于天下。同一天，郑克塽派官员到施琅军前，缴延平王册印，招讨大将军印以及公侯伯将军督印，八月十八日，郑克塽率文武官员剃发，跪听宣读赦免安抚诏令。康熙二十三年（1684）康熙命郑克塽来京，编入旗下。从郑成功兴师抗清，至郑克塽奉南明永历为正朔，历三代，共计37年时间，从郑成功1661年收复台湾到1683年台湾同大陆重归一统，共历23年。

康熙二十二年（1683）八月十三日，施琅进入台湾。康熙二十三年（1684）四月十四日，康熙帝拒绝李光地等关于台湾迁人弃地的决议，决定采纳施琅奏议，批准工部侍郎苏拜会同福建总督、巡抚、提督遵谕议定的管理台湾疏奏，决定在台湾设立一府三县，即台湾府（府治设在今台南市）和台湾、凤山（今高雄）、诸罗（今嘉义）三县，并设立巡道一员，总兵一员，副将两员，兵8000名，分为水陆八营防卫，每营各设游击、守备等官。设澎湖副将一员，兵2000名，分为两营。不久，又允许浙江、福建、广东沿海百姓装载500石以下货物的船只，到海上贸易、捕鱼，并要登记姓名，写保证书，在船头烙上号印，发给印票。这样，清代从此将台湾置在清政府的管理和保护之下。

台南亿载金城，安平大炮台大门

康熙南巡·治淮黄河

　　康熙二十三年（1684）九月二十八日，康熙帝从京师启程，首次南巡河务，康熙一行沿永定河经顺天府、河间府，到山东德州。十月八日到达济南，到趵突泉；十日登泰山。十九日到达桃源县，康熙帝亲自视察黄河北岸各项险要工程，又与河道总督靳辅讨论治河方案，他命靳辅对险要地势详加筹划，采取有力措施，使黄河顺势东下，永远不再发生决堤的危险。康熙帝亲切慰问辛苦劳作的河工，并命令严禁克扣河工的食粮。他肯定了靳辅治理黄河的功绩。二十二日康熙帝来到高邮，视察十余里，召见当地有经验、有学识的

《康熙南巡图》治河图

老人，详细询问水灾原因，并命令总督王新命安排拯救事宜。随后他又到焦山、金山，渡扬子江，驻苏州，到虎丘。十一月二日，康熙到南京拜谒明太祖陵，亲写祝文，派官员前往祭吊。他总结明兴亡之事，以历史为鉴，勉励自己，四日他奖励廉洁自励的江宁知府于成龙。十日，康熙帝一行经清河县天妃闸，又登岸视察高家堰的堤筑工程，分析了它与洪泽湖对治理黄河水的重要作用。康熙亲自视察，从武家墩、高家堰、高良涧闸、周家桥、翟家坝到洪泽湖，往返一百里，对这一线详细情况都一一作了询问。十八日，康熙来到山东曲阜孔子庙，在大成殿行三跪九叩礼，亲自题书"万世师表"匾。十二月九日，康熙返回京城。这次南巡共用六十天时间。

　　康熙这次南巡主要以治河为主，同时体察民情，考察吏治。在南巡之始，他就反对地方官员利用这个机会搜刮百姓，扰乱正常生活秩序。这次南巡达到了康熙帝的预期目的，对全国政治稳定、经济发展也产生了一定的影响。

《康熙南巡图》中所绘南北大运河的漕运情景

三大家享名岭南

　　清初广东诗人屈大均、陈恭尹、梁佩兰 3 人居地相近，时相过从，在创作上互相推重，在岭南地区颇负盛名，时人称"岭南三家"。

　　屈大均（1630 ~ 1696），字翁山，广东番禺人。早年参加抗清斗争，晚年归隐番禺。屈大均的文学才能以诗的成就最高。他一生跋涉山川，志在复明，备尝千辛万苦，满腔悲愤化成流不尽的诗篇。在《壬戌清明作》中，"故国江山徒梦寐，中华人物又消沉"，沉痛表达了作者壮志难酬的感慨。他的《过大梁作》、《塞上曲六首》、《旧京感怀》等大都借历史上的英雄人物和爱国志士，托古言志。还有一些诗作，揭露统治阶级的腐朽残暴，反映人民的苦难，如《咏怀》、《扬州感旧》、《猛虎行》等，笔力遒劲，气势豪放，实不愧清初岭南第一大家。

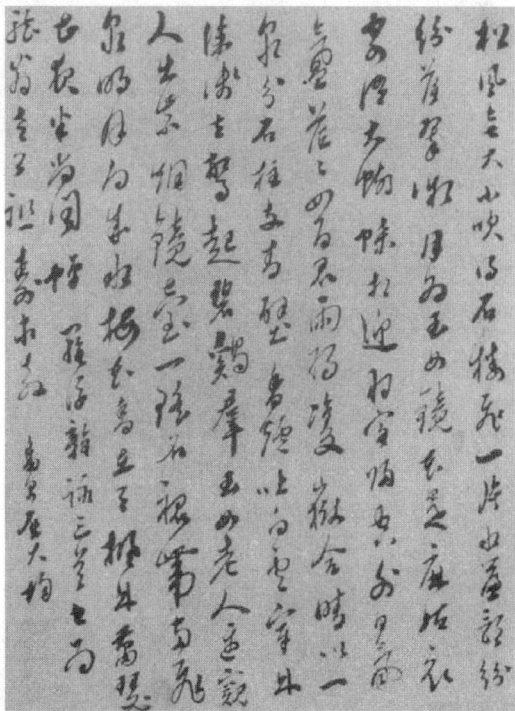

屈大均墨迹

　　陈恭尹（1631 ~ 1700），广东顺德人。南明抗清将领陈邦彦之子。顺治三年（1646）清军陷广州，陈邦彦举家被害，只陈恭尹一人逃出。"三藩之乱"时曾被牵连入狱，晚年寄情诗酒，壮志稍有消沉。他的七言律诗对仗工

广东番禺屈大均故里

整，又多巧思，锦丽中仍多哀感苍凉之慨。如他的《拟古》："猛士不带剑，威武岂得申？丈夫不报国，终为愚贱人。"此外，他的《西湖》、《虎丘题壁》、《九日登镇海楼》等，也都寄托遥深。五古《感怀》及七古《耕田歌》则反映了人民所受的苦难。

　　梁佩兰（1629～1705），广东南海人。顺治十四年（1657）乡试第一。一生追逐功名，60岁考中进士，第二年即告假归乡。梁佩兰的诗，多酬赠和吟咏景物之作，也有发泄功名失意的怨辞，间亦杂有兴亡之感。代表作有《养马行》、《采茶歌》、《雀飞多》、《樵父词》等，内容清新，语言通俗，感情自然，美中不足的是仿古习气过重，笔调较为平淡直致。

　　屈、陈、梁三人的生活道路不同，思想情趣也不尽然。在诗歌内容上，屈、陈有共同的民族思想，梁诗多吟咏景物之作，但在反映岭南的山川风貌、人情世态等地方色彩方面，三家有共同之外。在艺术风格上，屈大均诗如万壑奔涛，一泻千里，放而不息；陈恭尹诗如哲匠当前，众材就正，运斤成风；梁佩兰诗则温厚和平，置之清庙明堂，自有瑚琏圭璧。

三山五园陆续修建

　　"三山五园"是北京西郊一带皇家行宫苑囿的总称,它包括了香山静宜园、玉泉山静明园、万寿山清漪园、圆明园、畅春园五座大型皇家园林。这些园林是规模巨大的成片风景区,从康熙朝到乾隆朝陆续修建起来,大的占地300余公顷,小的也有60余公顷。各个宫苑园林之间有长河及玉河相互串通,帝王乘御舟在河湖中游弋时,不但可以领略到园林的人工美景,还可以观览沿途农田、村舍、柳荫等农家风貌。由于所处地形的差异,这些园林均表现出不同的园林形态,有人工山水园,天然山水园,也有天然山地园。西郊的"三山五园"可谓是"集历史园林创作之大成,荟萃各式园林构思"的佳作。

　　畅春园　该园建于康熙二十三年(1684),原来是明代皇亲李伟的别墅"清华园"的废址。据说,畅春园是一座"弥望涟漪"以水面为主的水景园。

北京静宜园(香山)见心斋

它建筑疏朗自然，散点分布，不拘一格，以植物景观为主调，奇花异草，翠竹森森，竹鸡白鸭充盈其间，以朴实无华的自然美为园林的主要追求。

圆明园　这是雍正皇帝的赐园，雍正即位后将它扩建为离宫御苑，乾隆二年（1737）再次扩建，后来再建"长春园"和"绮春园"，并称为"圆明三园"。三园共占地 350 余公顷，在"三山五园"中规模最大。园内建有成组的建筑群 123 处，被誉为"万园之园"。咸丰十年（1860）英法联军攻占北京，圆明园惨遭抢掠破坏，全部建筑和设施荡然无存。

圆明园。康熙四十八年（1709）始建，初为皇子胤禛的私园。乾隆年间，在其东侧增建长春园，与东南绮春园合称圆明三园，简称圆明园，咸丰十年（1860），被英法联军所毁。

清漪园　该园位于圆明园之西，北京城西北，面积 3.4 平方公里，建于乾隆十五年（1750）。清漪园可分为两部分，北部为万寿山，山上集中建造了大部分建筑；南面为昆明湖。该园是以江南胜景作为蓝本的，但能做到因地制宜，随形造作，不拘形式，独有新意，不愧为一座和谐统一的东方皇苑。咸丰十年（1860）清漪园为英法联军全部破坏，光绪中叶，慈禧太后挪用海军建设费 2000 万两修复此园，基本上保持了原清漪园的格局，更名为颐和园。

静明园　这是一座以山景为主河湖环绕的天然山水园。玉泉山山形奇丽，林木葱郁，奇岩幽洞，泉流遍布。该园建于乾隆十八年（1753），原来是皇帝的一座行宫。

静宜园　香山静宜园位于西山之东端。全园整体结构依山而建，是一座完全的山地园。该园的西北区黄栌成片，每年深秋时节，层林尽染，观看香山红叶成为静宜园的重要景观。静宜园的造景不同于其他园林，基本上属于一座郊野山水园。

清军收复雅克萨

康熙二十四年（1685）正月，朝臣瓦山与萨布素等详议应不应该攻取雅克萨城（前苏联阿尔巴津）。不久，康熙命都统彭春统兵，副都统班达尔沙偕同佟宝等参赞军务，命令建义侯林兴珠、都督何佑等率福建藤牌军，并且调拨直隶、山东、山西、河南等省的火器兵前往协助攻城；然后又命令蒙古科尔沁十旗将牛羊送到黑龙江军前。四月，清都统彭春、都统郎谈、黑龙江将军萨布素率满、蒙、汉官兵三千多人，分水陆两军分别从黑龙江城（今黑龙江瑷珲）和卜魁城（今黑龙江齐齐哈尔）向雅克萨进发。

雅克萨是从尼布楚方向和从雅库次克方向进入黑龙江地区的水陆咽喉，成为俄军的一个重要据点。六月二十二日，清军抵达雅克萨城下，康熙帝用满、蒙、俄三种文字照会俄方，要求俄国方面撤出雅克萨，归还逃犯，以雅库（今雅库次克）为中俄边界，但俄方予以拒绝。二十四日，俄方援军赶到，清军将"神威无敌大将军"炮列在阵前，做好攻城准备。二十五日黎明，清军向雅克萨发动进击。哥萨克势绌兵败。这天夜里，清军水陆并进，经过一昼夜激烈战斗，俄军伤亡惨重，尸横遍野，陷入绝境，但是其所余部将仍顽强抵抗。清军副统帅部郎谈于是下令在城下三面积柴，准备焚城。俄军只好出城乞降，并发誓不再回到雅克萨城。都统彭春、黑龙江将军萨布素遵照康熙帝旨意，将托尔布津及部属、妇女、儿童免去死罪，全部放回俄国，并放出被掳掠的清朝边民。这样，由满、汉、蒙、达斡尔等民族组成的清军，在边疆各少数民族人民的支持下，攻克了被俄军侵略占据了 20 年之久的雅克萨城。

沙俄政府给清政府的国书

军屯边疆

　　清代疆域辽阔，清政府在边境线上布防大量的军队，为了彻底解决边境驻军的粮饷问题，清政府实行了军队屯田制度。

　　17 世纪中后期，东北黑龙江地区开始受到沙俄的入侵、骚扰。康熙决心派兵"永戍"，驻兵屯田。康熙二十三年（1684），在派兵进驻额苏里与瑷珲之后，又令副都统穆泰率八旗官兵进驻瑷珲新城，就地屯田。后又派官员前往监督耕种屯田事务。这是清代最早驻兵屯田地区，后来逐渐发展成为有名的"江东六十四屯"。康熙二十四年（1685），清政府又从盛京调遣官兵

天池。古称瑶池，位于新疆阜康县境内，乾隆时以"天境"、"神池"之意命名为天池。

进驻黑龙江城，并在附近屯田 1500 余垧。其余瑷珲、墨尔根城、索伦、达斡尔等地官兵也种地 2000 余垧。几年后，这些军屯就成为东北边境官兵粮饷的基地。

康熙五十五年（1716），康熙帝谕令傅尔丹率领土默特士兵 1000 人前往乌兰固木等地耕种，又令副都统苏尔德率官兵前往新疆的哈密、巴里坤一带屯田。同时开始了漠北与新疆地区的军屯历史。几年后，漠北地区的科布多、乌兰固木、特里河等处已垦为熟地，小麦收获增加数倍。雍正年间，仅新开垦的鄂尔坤、图拉、洛尔玛台三处屯田，即收获大麦、小麦、糜子达 7550 石。新疆屯田面积最大，主要集中在北疆，南疆仅有辟展、吐鲁番、托克逊、喀喇沙尔、乌什、阿克苏等地。乾隆四十二年（1777），全疆屯田 28.8 万亩，屯丁 14.5 万人，年收获粮食达 3.7 万多石。屯田所收获粮食，不但保障了新疆兵丁的需要，而且还有剩余。

屯田形式主要有三种：兵屯、户屯、遣屯。兵屯即派绿营兵丁屯田，每百人设一屯，每人种田地 20 亩，由官府供给耕牛、农具、种籽。户屯即迁内地民户前往边疆屯田。遣屯即遣送罪犯屯田。

边疆屯田的发展，促进了边疆的开发，巩固了清政府对边疆的统治。

傅山提出"四宁四毋"

傅山总结自己学字的经验，提出了"四宁四毋"的学字原则。

傅山（1607～1684），字青竹，又改字青主，号真山、石道人、松侨老人，阳曲（今山西太原）人。明朝灭亡后，隐居阳曲山中，苦攻医学，研习金石书画。后因为梦天帝给他赐黄冠，便穿朱色衣，住土穴，自号朱衣道人。晚年喜喝苦酒，又自称"老叶禅"。康熙十七年（1678），被强征博学鸿词科，以死相拒，终得幸免。

傅山能书会画，画多为山水，风格古拙奇特。书法精湛，工篆、隶、楷、行、草诸体，尤精于草书。20 岁开始学前人晋、唐书法，总学不像，于是改学赵孟頫、董其昌，爱其圆转流丽，稍临便能以假乱真，从此悟出作字先学做人的道理，并提出著名的"四宁四毋"主张，即"宁拙毋巧，宁丑毋媚，宁支离毋轻滑，宁真率毋安排"，表明了他的书法美学观点。

　　傅山提出的"四宁四毋"成为后人学书的基本准则。

清焦秉真《耕图》摹本

再征雅克萨

康熙二十四年（1685）八月，俄军得知清军撤出该城后，带领 500 多人又重新回到雅克萨，并建立了新据点，盘踞于此。康熙二十五年（1686）二月十三日，清政府方面派人侦察情况。

五月二十八日，康熙命黑龙江将军萨布素以及郎谈、班达尔河等率军2100 人逼近雅克萨城。萨布素要求俄军速速投降。当时盘踞雅克萨的俄军已达 826 人，并配备有 13 门炮和较充足的军械、粮食，所以对清军的警告置之不理。六月四日，清军以重炮轰城，日夜猛攻，重创俄军，俄军被断绝水源，围困城内。俄军先后五次出城都被清军击退。俄军被围困数月，伤亡很大，又缺水缺柴，粮尽弹绝，疾病流行。九月，俄国方面派魏牛高等人到达京师，乞求清政府撤离雅克萨兵力，同意议定边界。康熙命太医到雅克萨为俄兵治病，并发粮物救济。第二年七月，俄国使臣戈络文到边境。康熙命萨布素等人将围困雅克萨的兵力撤回到黑龙江、墨尔根。中俄之间历时两年之久的第二次雅克萨之战宣告结束。

康熙年间开海禁后广东港口的外国商人

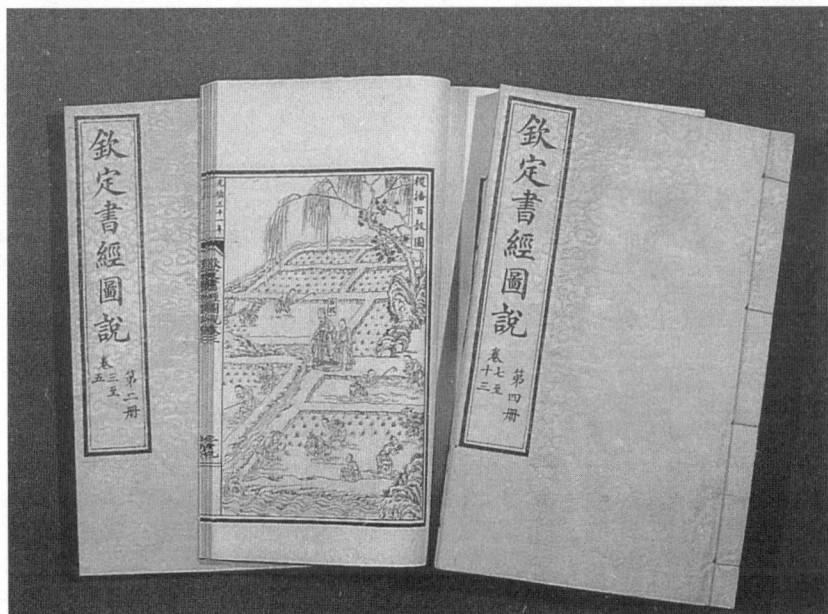

清《钦定书经图说》中后稷教民播百谷

清代早期使用的航海罗盘

广州开设十三行·洋行制度形成

康熙二十五年（1686）四月，清政府在广州创立洋货行，又名十三行。作为官设的对外贸易特许商，十三行经营"外洋贩来货物及出海贸易货物"，向海关承担代缴进出口洋船各项税饷，并代官府管理外商和执行外事任务，形成清代重要的商人资本集团。

康熙二十四年，清政府设粤海关以对外通商，没有专营外贸的商行。为了区分国内商税和海关贸易货税，两广总督吴兴祚（1632～1698）、广东巡抚李士桢（1619～1695）和粤海关监督宜尔格图共同商议，以本省内陆交易之一切落地货物为住税，由税课司征收；以外洋贩来货物及出海贸易货物为行税，由粤海关征收，并相应建立两类商行——金丝行和洋货行，分别经理贸易税饷。以洋货十三行为外贸专营行商和外贸税饷事务专理商的广州洋行制度正式形成（十八世纪外商在华设立商行，亦称为洋行。但清朝文书中提及之洋行，仍指外洋行或洋货十三行）。十三行行数并非固定13家，乾隆初年有20家，1829年仅存7家，1837年复有13家。1720年，曾由16家洋行组成"公行"，垄断外贸，排除公行以外私商的权力。此后，公行时有时无。1782年，十三行商人重组公行，专揽茶丝及大宗贸易，而将小宗货物委于公行以外的行商经营。

为加强对十三行行商的管理，清政府于乾隆十年（1745）建立保商制度，即从广州20多家行商中挑选资本较厚的5家作为保商，保商的职责是承保外国商船到广州贸易和纳税等事，承销进口洋货，采办出口丝茶，为外商提供仓库住房，代雇通事杂役等。保商对承保的外国商船货物享有优先权，但当其他各分销行商交不出进口货税时，保商必须先行垫付；外商向官府交涉禀报诸事须由保商通事代为转递；保商并有权约束外商之一切不法行为。保商制度造成不少弊端，一方面，外商对此制度一直不满，认为不利于通商，分散利润，因此既忌惮官府，又忌恨保商；另一方面，保商处在官府与外商之间，只有少数投机取巧者可以巧为周旋，获利致富，多数成为官府与外商夹击的牺牲品。鸦片战争后，根据《中英南京条约》第四条规定：废除中国贸易"向例全归额设行商，亦称公行者承办"的制度，嗣后"凡有英商等赴各该口贸易者，勿论与何商交易，均听其便"，"不必仍照向例"。洋行制度就此废除。道光二十三年（1843），广州在条约规定的五个通商口岸中首先被开放，但十三行行商多数行商对自由通商作了种种抵制，力图保住昔日的外贸独占地位。咸丰六年（1856），发生火灾，十三行行馆多被焚毁，从此一蹶不振。

乾隆年间的广州十三行

附：1837年广州十三洋行表

行名	姓名	商名		别名
怡和	伍绍荣	伍浩官	（Howqua）	伍崇曜
广利	卢继光	卢茂官	（Mowqua）	卢文蔚
同孚	潘绍光	潘启官	（Ponkhequa）	潘正炜
东兴	谢有仁	谢鳌官	（Goqua）	
天宝	梁承禧	梁经官	（Kingqua）	
中和	潘文涛	潘明官	（Mingqua）	潘国荣
顺泰	马佐良	马秀官	（Saoqua）	马展谋
仁和	潘文海	潘海官	（Ponhoyqua）	
同顺	吴天垣	吴爽官	（Samqua）	吴健彰
孚泰	易元昌	易康官	（Kwanqua）	易绍康
东昌	罗福泰	罗隆官	（Lamqua）	
安昌	容有光	容达官	（Takqua）	
兴泰	严启昌	严－－	（Sunshing）	

清行白银制钱

　　清代的货币制度是"用银为本，用钱为末"（《皇朝经世文编》卷53）。制钱一般是在民间小额交易中使用，大额交易则通用白银，政府的财政收入也始终以银为准，白银在流通中始终处在主币的地位，所以清行白银制钱。

　　清代流通中的白银有马蹄银、银锭、元宝以及散碎银子，还没有发展到铸币型式，当时习惯上对白银的泛指名称是纹银。纹银是全国性的假设的标准银，成色为935.374‰，"用银之处，官司所发，例以纹银"（《清文献通考》卷16）。但实际上流行的银两并无统一的规定，各地的名目也不一样，如山西有西镨及水丝等银，四川有土镨及茴香等银，江南、浙江有元丝等银，陕甘有元镨，广西有北流等名色，成色不等。在福建、江浙、两广一带，还流通着外国流入的银元。因此，白银使用时察看成色，都折合成纹银计算。

　　清代尽管以银为主币，但国内的白银产量并不丰富，远不能满足流通的需要，要靠海外流入的白银加以补充。康熙中叶开海禁后，中国丝、茶等物的大量出口，为清政府换回许多白银，缓解了国内制钱白银的紧缺状况。据估计，从康熙四十七年（1708）至乾隆二十二年（1757）间共有650万英镑的白银运到中国；乾隆三十六年（1771）至乾隆五十四年（1789）间，各国输入中国的银子超过3100万元。到了清末叶的道光年间，仍约有8000万两以上的白银流入我国，假如加上菲律宾和日本等亚洲国家的白银，则有几亿两之多。

乾隆五十八年（1793），在西藏铸造了我国最早的银铸币新"章卡"。新"章卡"正面铸有"乾隆宝藏"字样，边缘铸年号，背面铸有藏文。此后还铸有嘉庆宝藏、道光宝藏，等等。这些白银铸币使用并不广泛，占据银流通主要地位的仍是银锭或碎银，故清政府有多种秤银的量器，如征收租税用库平，征收漕粮折色用漕平，对外贸易用的是广平，征收进出税用的为关平，等等，手续比较麻烦。

清代官钱局银锭足银拾两

银是本身具有价值的金属，其市场价格受到供求关系的影响，常常发生上下波动。因为在交易中制钱和白银需要互相兑换，因此清廷通常以增加或减少制钱的重量和年铸造量来保持银和制钱比价的相对稳定。

库伦伯勒齐尔会盟

康熙二十五年（1686），康熙帝应札萨克图汗部所请派阿齐图格隆到达西藏达赖喇嘛处会盟。喀尔喀蒙古原分三部，即土谢图汗部，驻牧在土拉河；札萨克图汗部，驻牧在抗爱山；车臣汗部，驻牧在克鲁伦河。康熙二十三年（1684），土谢图汗察珲多尔济杀了札萨克图汗成兖，并夺走他的姜，引起三部不和，纷争不断。

八月二十六日，理藩院尚书阿喇尼等人奉康熙帝之命，召集土谢图汗部、札萨克图汗部两汗以及寨桑、台吉等60多人，在漠北库伦伯勒齐尔会盟，在达赖喇嘛使者噶尔丹西勒图、泽卜尊丹巴胡克图前设立重誓；两翼互相侵占掠夺的台吉、人民，令其各归本主，一切应结事件审议完结，从今以后，永远和协。库伦伯勒齐尔会盟之后，喀尔喀蒙古三部开始通好。

承德普宁寺大集乘阁三十六臂观音像

永远禁止妇女殉葬

康熙二十七年（1688）五月四日，康熙下令永远禁止妇女殉葬之事。

康熙是就礼部题请表彰宣传山西省烈妇荆氏之事时，表明这一主张的。他说：人命至关重大，殉葬之事令人目不忍睹。现在京城以及各省中虽然经过多次禁止，但是殉葬的人依然很多，不能不令人惋惜，丈夫寿命短，也只能这样了，为何妻子一定要去与丈夫一同死去呢？轻生一事太违反自然常理，如果因此而对这种殉葬人加以表彰，那么仿效这种做法的人会越来越多，屡禁不止，对国家、家庭、自身又有什么好处呢？从此以后，帝王以下乃至普通百姓，要永远禁止妇女从夫而死的类似事情发生。在康熙帝表示自己主张之后，国内妇女殉葬之事便慢慢禁绝了。

康熙第二次南巡

康熙二十八年（1689）正月二日，康熙帝决定第二次南巡。

八日，在皇长子允禔伴行下，康熙启程。九日，到直隶文安县，下令严禁地方官派民修路。十四日，进入山东，下令第二年山东地丁正赋全免。此后，又免江南省历年来各项积欠银220余万两。二十三日，到宿迁县，康熙帝率领随从大臣以及江南总督傅拉塔、河道总督王新命、漕运总督马世济等视察中河。二十八日，船过扬州，民间结彩欢迎，康熙下令前面各郡县不准效仿，担心过于损伤人力物力。船到吴江，康熙拒乘地方上派来迎接的500只画舫。二月十一日到杭州，康熙命令停止民间建立碑亭的活动。二十六日到南京，康熙命令将贡用船造饰物料拆卸，用到实处，并对江南浮粮太重、纤夫劳苦、恤商除弊表示极大的关切，令地方官认真解决。途经绍兴会稽山麓，康熙亲写祭文，致祭禹陵，并大赦天下。三月十九日，康熙从天津进入崇文门回到宫中。这一年，康熙帝35岁，南巡历时71天。这次南巡，康熙帝体察到民

间疾苦，对百姓实行宽免政策，深得民心。

　　同时，康熙帝命令侍卫从简，仅使用300多护卫，沿途又不许侍卫搜刮民间财产，严禁地方官借机扰民。对关系国计民生的黄河运河两大工程作了考察，下令地方官深入研究地形水势，减除灾情危害，为百姓兴利除弊。康熙帝的这一系列措施在一定程度上维护了老百姓的利益。

《康熙南巡图》南京三山街

《康熙南巡图》旱西门

中俄签订《尼布楚条约》

康熙二十八年（1689）七月二十四日，在屡次协商之后，并在中国方面做出重要让步的情况下，中俄双方经过历时 14 天的谈判，正式签署了《尼布楚条约》。

条约明确规定：中俄两国以外兴安岭至海，格尔必齐河和额尔古纳河为国界。这就从法律上肯定了黑龙江和乌苏里江流域的广大土地为中国领土。大兴安岭到海的一段山南流入黑龙江的溪河为中国领土，山北一带溪河，属于俄罗斯；额尔古纳河南岸属于中国，北岸属于俄罗斯，而其南岸的眉勒尔客河口所有俄罗斯房舍迁移北岸。此外，条约还规定将雅克萨地方俄罗斯民修城池，全部拆毁，将居住于雅克萨的俄罗斯人撤往察汉汗之地，对越界侵略、逃人的处理、中俄两国人民相互贸易条约也做了详细规定。条约规定，从签订之日起，两国的一切边界争执永远给予废除，两国永远睦邻友好相处。条约文本为拉丁文，两国使臣分别交换了经过双方签名盖章的满文本、俄文本和拉丁文本。条约还以华、俄、拉丁诸文刻在石上，置于两国边界，以作永久界碑。康熙二十九年（1690）三月五日，工部

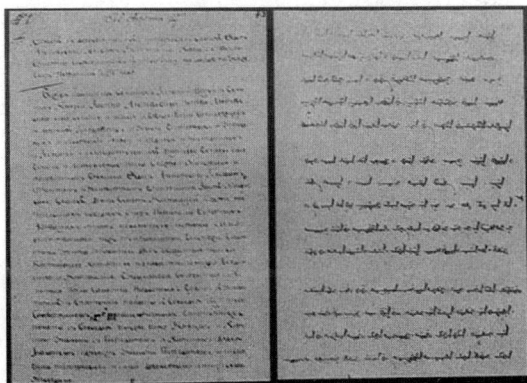

满文、俄文《尼布楚条约》

规定在额尔古纳河口和格尔必齐河口分别立碑，石碑高八尺，宽三尺一寸，厚八寸，正面刻满、蒙、汉文，背面刻俄、拉丁文。次年，清政府正式在两国边界立永久界碑。

《尼布楚条约》是在双方平等基础上并在中方做出重要让步的情况下签订的平等条约，为中俄两国关系正常化奠定了基础。

康熙初征噶尔丹·乌兰布通激战

康熙二十九年（1690），准噶尔部的噶尔丹为了尽快吞并喀尔喀蒙古，不惜出让雅克萨城给俄国，将矛头指向清中央政府，肆意掠夺喀尔喀蒙古财物。六月，噶尔丹在乌尔伞大败清军，进入距京师900里的乌珠穆沁。二十二日，康熙帝决定御驾亲征，七月二日，康熙帝任命裕亲王福全为抚远大将军，出征古北口；恭亲王常宁为安北大将军，出征喜峰口；不久，他又命令常宁率领大军与福全大军会合。七月十四日，康熙帝启程，第一次亲征噶尔丹。十八日，大军进驻古鲁富尔坚嘉浑噶山时，康熙帝开始患病。二十三日，康熙巡兵到博洛和屯时，仍在发烧，于是他听从群臣的请求，返回京师，并把前线一切战事交给福全等人主持。

七月二十九日，噶尔丹率领一股强劲骑兵2万人，长驱直入，屯兵乌兰布通（今内蒙古克什克腾旗内）。乌兰布通距京师仅700里，京师戒严，抚远大将军、裕亲王福全也在这一天率清兵到达此地，设营盘40座，连营60里，以火器为前列，遥攻噶尔丹中坚部分。八月二日晨，清军分左右两翼，设鹿角枪炮，徐徐前进，右翼内大臣佟国纲指挥军队，冲向敌军，进击山下。噶尔丹军队隔河拒挡清军。当佟国纲率军攻打到泡子河时，他一马当先，冲向敌阵，不幸中弹身亡，而这时，清军也已摧毁了噶尔丹军筑建的"驼城"，左翼内大臣佟国维率兵攻破噶尔丹营垒。噶尔丹见大势已去，便率领剩余部队逃走。康熙命令将其余党一举歼灭，但福全却下令清军停止进击，从而留下了余患。十五日，济隆等人带噶尔丹的誓书晋见，表示不敢再犯喀尔喀。于是，从十九日到二十五日，清军全面部署撤军之事。为了防止噶尔丹军再犯，十月六日，康熙命增兵大同、宣府、古北口、张家口等地。二十七日，康熙命令福全率大军撤回。噶尔丹第一次侵扰被平息。

《玄烨戎装图》轴

边防卡伦制度实行

卡伦是满洲语之候望哨所。康熙二十八年（1689）中俄签订《尼布楚条约》后，康熙为防止俄军再度入侵，便在黑龙江沿岸设置了第一批卡伦。卡伦制度开始实行。到乾隆时期，在中俄中段边界、西北边境先后设置一系列卡伦。

卡伦的职能有对内、对外两种。对外主要负责巡查边界，防止敌人入侵，以保卫边境的安全；对内主要是管理游牧，监督贸易，捕盗缉私等。在新疆地区，清政府为了监督哈萨克、柯克孜等少数民族外逃，特在伊犁、塔尔巴哈台、喀什格尔、乌什、叶尔羌等地设置卡伦。在东北，为了加强对人参、貂皮等特产贸易管理，清政府专门在三姓地方设置卡伦，进行监督。在吉林也是如此，卡伦主要职责是稽查商人。新疆出产玉和黄金，该地卡伦就要负责对玉石与黄金的采集和贸易进行监护管理，以禁止私采私卖。另外，卡伦还负有稽查逃犯和传递文书的任务。清政府将许多罪犯流放到边远地区，为了防止犯人逃走，便专门在流放地区设置卡伦。如伊犁钢厂、铝厂附近的卡伦，还有从英吉沙尔到叶尔羌城路上的7个卡伦，都是专为缉捕逃犯而设。在东北、西北地区，还有一些为传送文书而设置的卡伦，如东北拉林与三姓之间的卡伦，新疆的塔尔巴哈台北路与土尔扈特接壤地带的察罕鄂博卡伦、伊犁与塔城之间的塔尔巴哈台南路卡伦。

卡伦的种类分为常设卡伦、移设卡伦和添撤卡伦3种。常设卡伦，一般设在地理位置重要的地方，固定不变。移设卡伦，地点一般随季节的更替或任务增减而移动。添撤卡伦，一般根据边防任务的需要和变化添设，任务一旦完成即行裁撤。卡伦的官兵设置配备，因位置、任务不同，数目也多少不一，多则30名，少则10名。卡伦直接隶属于中央政府的军机处，兵部理藩院也参与领导，在地方一般由当地的八旗驻防将军、都统、参赞大臣、办事大臣、帮办大臣、领队大臣等地方军政长官直接管辖。

卡伦制度的实行，加强了边境地区的安全，同时也有利于清政府对边境地区实施有效的统治。

南方普降大雪

　　康熙二十九年（1690）冬，南方地区普遍降雪，天气出奇寒冷。十一月，江苏高淳下大雪，冻死了许多树木；武进（今江苏常州）奇寒无比，树枝冻掉，树木冻死。进入十二月，庐江（今安徽庐江）也进入寒冷季节，竹子、树木也有许多被冻死；同时其他各地也纷纷下大雪，冻死树木，如当涂（今安徽当涂）大雪，桔树、橙树冻死无数；阜阳（今安徽阜阳）大雪，江河封冻，三天才消溶；湖北竹溪大雪纷飞，雪深达四、五尺，河水冰冻。这股寒冷空气甚至影响到广东一带，这一年广东海阳（今潮安）大寒，冻死了人畜；福建海澄（今福建龙海）也下大雪，冻死了牛、马。这场雪为历史上所罕见，其危害和影响都很大。

1691 ~ 1700A.D.

清朝

1691A.D. 清康熙三十年

正月，噶尔丹复犯喀尔喀；遣兵备之。

1692A.D. 清康熙三十一年

王夫之、陆陇其、靳辅死。

1693A.D. 清康熙三十二年

是岁，万斯年死。文学家冒襄死。

1695A.D. 清康熙三十四年

八月，令科尔沁土谢图部诱噶尔丹，并使责噶尔丹侵掠。十月，发兵备噶尔丹。是岁，名学者黄宗羲死。

1696A.D. 清康熙三十五年

二月，圣祖亲统军击噶尔丹，五月至克鲁伦河，十一月，噶尔丹遣使纳款。文学家屈大均死。

1697A.D. 清康熙三十六年

正月，发兵备击噶尔丹并使人谕之降。闰三月，噶尔丹以部众散亡殆尽，饮药自杀。

1698A.D. 清康熙三十七年

正月，策妄阿喇布坦诉第巴违法欺诈。

1692A.D.

法兰西路易十四准备进攻英国本土舰队，在拉哈格（法国北部）海面被击溃。

1694A.D.

始设英格兰银行（英伦银行）。

1697A.D.

俄罗斯彼得大帝隐姓名游西欧，历英、法、荷诸国。明年，以其姐利用莫斯科禁卫军之不满倡乱，归。

1698A.D.

10月11日，法兰西与皇帝及巴伐利亚选侯签订第一次瓜分西班牙国土条约。同年路易十四又与英、荷二国签订条约。

伦敦证券交易所成立。此为英国第一个真正的证券交易所。

1699A.D.

因英国与荷兰之调停，土耳其与奥地利、俄罗斯、波兰、威尼斯媾和。俄罗斯继续战争，至1702年媾和时，土耳其承认俄罗斯占有亚速夫海。

1700A.D.

俄、波、丹三国向瑞典发动"北方大战"。此战断续进行，至1721年始以斯德哥尔摩和约结束。

普鲁士科学院成立于柏林。

北京四合院盛极

　　清代民居建筑发达，形成了丰富多彩的民族民居。这些民居按形制可分为庭院式民居、窑洞式民居、干栏式民居等七类。庭院式民居是以单间组成的条状单幢住房为基本单位，回环布置，组成各种形式的院落。合院是庭院式民居的一种，合院式民居中以北京四合院最为规则典型。

　　合院的特征是组成院落的各幢房屋相分离，住屋之间以走廊相联，各住房皆有外檐装修，住屋间所包围的院落面积较大，门窗朝向内院，外部包以厚墙。合院盛行于东北、华北、西北地区，它夏季可接纳自然风，冬季可获得充沛的日照，还可避免寒风侵袭，成为中国北方通用的民居形式。北京四合院是合院式民居的典型代表，它由三进院落组成，按南北轴线安排倒座房、

北京恭王府花园的垂花门。垂花门在四合院中是必不可少的，一般进了垂花门才是主人的正房。

垂花门、正厅、正房、后罩房。每进院落有东西厢房，正厅房两侧有耳房。院落四周有穿山游廊和抄手游廊，东南角开大门。四合院内各房有固定的用途，各房使用都按长幼、内外、贵贱的等级进行安排，如正房为家长及长辈居住，子侄辈住厢房等，可见北京四合院乃是一种宗法性极强的封闭型民居。

四合院在清代达到极盛。北京四合院属汉族的民居形式，满族入关后，很快便接受了这种民居形式。不但八族贵族的王府采用四合院建筑，他们还把这种民居形式传到满族的发源地——吉林。现永吉乌拉镇等地的满族民居大都是四合院。

北京四合院还影响到回族、白族、壮族、彝族等许多少数民族的民居建筑。北京四合院在清代达到鼎盛，对当时和后代的民居建筑都产生了影响，成为一种富有特色的汉族民居建筑形制。

保存较好的一所清代四合院

"提督九门"形成

康熙三十年（1691）二月一日，康熙帝谕大学士等：京师重地，人民商贾，四方云集。京城内外，统辖必有专责，消奸弥盗，商民才得安宁。今城内地方属步军统领管辖，城外虽属巡捕三营，又属兵部督捕衙门管辖。内外责任各殊，互不相统，遇有盗案，反难缉查。下令京城内外一体巡察，责任既专，有利于除盗安民。十七日，九卿等遵旨商议，议定步军统领巡捕三营，督捕、都察院以及五城所管事宜等九类相关机构都交与步军统领管理。巡捕三营捕获的逃盗等犯，令该统领将人犯移送督捕、刑部完结。同时，换给"提督九门步军巡捕三营统领"印信。自此，有"提督九门"之称，京师治安也因机构简化、责任专一而大为改善。

祠堂体制完成

祠堂原称家庙或影堂，从《朱子家礼》一书起开始称为祠堂。根据《大清会典》记录，祠堂的格局是以官吏的级别而有定制的。

祠堂建筑是一个宗族的象征，是族人的精神支柱，因此成为封建社会中夸耀家族财力和地位的手段。很多家族都尽自己最大的财力和物力，来修建自己家族的祠堂。使祠堂建

江西省婺源县金家祠堂"玉善堂"门

安徽省合肥市包公祠大门

筑在建筑技术和建筑艺术上都达到了很高的水平。祠堂建筑往往用料考究，加工精细，在装修工艺上也着意发挥了小木作、砖雕作、石刻作、粉塑作等高超的水平。

祠堂的营建按典籍的规定位置应定在宅东，称为"左庙右寝"，规模形制也根据官吏等级来定。但实际上却一味追求华美精致来夸耀财势地位，成为巩固家族统治的一种权力的象征，因此往往规模宏大，装饰豪华，雕琢精致，建筑布局程式化，并表现出族权的尊严，成为对本族下层及对立宗族的一种威慑。

祠堂建筑的功能除了祭祀祖先神灵之外，又像是公堂衙署，同时也作为宗族成员的社会交往场所。在祠堂中可以根据族规、族训来教育族人，由族长来行使族权。违训者必须在祠堂中的祖宗牌位前当众思过，严重的还要被逐出宗祠。因此祠堂也可以说是一种封建道德法庭，在建筑布局及装饰等艺术处理上又表现出庄重肃穆的气氛。

祠堂中进行的宗族组织活动是对封建统治的一种补充。祠堂里还常附设有义学、义仓和戏台，形成一个庞大的建筑群，表现出公共建筑的民俗性质。在建筑空间的组织上，以及造型和装潢处理上，又融进了民俗文化的艺术风格，有其鲜明的地方特色，为我国古代丰富多彩的地方建筑文化作出了突出的贡献。

浙江省诸暨县边氏祠堂外观

湖北省襄樊市古隆诸葛武侯祠

多伦诺尔会盟

康熙二十五年（1686），喀尔喀蒙古土谢图汗杀死扎萨克图汗沙喇后，三部内战不休。噶尔丹乘机东犯，逼喀尔喀南迁。康熙二十九年（1690）六月，康熙帝御驾亲征，噶尔丹大败而逃。次年四月底，康熙帝檄调内外蒙古诸部，在多伦诺尔举行盛大会盟，以怀柔诸部，消弭旧怨。五月初，喀尔喀蒙古三部以及内蒙古四十九旗均来入会，土谢图汗、哲布尊丹巴呼图克图并上疏请罪。康熙帝遂责其大过，原恕其情，并传谕喀尔喀部众："今土谢图汗等将一切大过自行陈奏，当此大阅之时，若即惩以重罪，岂惟朕心不忍，尔等七旗，能无愧于心乎？！"随即以故扎萨克图汗弟策妄扎布袭汗号，不久又封其为和硕亲王；车臣汗也留汗号。康熙又颁诏，令将喀尔喀各旗与内蒙古四十九旗一例编设，统一名号。最后，康熙大阅兵阵，厚赏旗军而返。

此次会盟中，康熙协调了蒙古各部之间的关系，加强了对内外蒙古的管理，巩固了北部边防。

颜元访李木天

颜元（1635～1704），字易直，河北博野人。他是一个思想家、教育家，并在武术上达到很高造诣的学者。他8岁开始拜尚武的吴洞云为师。吴洞云能骑、射、剑、戟，所以颜元从小就与武术结下了不解之缘。14岁时，学习运气导引之术。据说他向同乡人学习骑射，能够"挟利刃、大弓、长箭、骑生马疾驰，同辈无敌者"。22岁时，他又学习兵法，研习攻战坚守的策略，经常彻夜不眠。他还向隐居在易州五公山，善枪法、刀法、拳法的王余佑问学；又向精通六艺、善枪法的陆桴亭学习。

康熙三十年（1691）八月，颜元已经57岁，他去拜访商水大侠李木天。

二人在月下畅饮，李木天饮到兴处脱下衣服，演练名家的拳法。颜元看了以后，笑着说："如此可与君一试。"于是折下一根竹子做刀，与李木天对舞，没有几个回会，便刺中了木天的手腕，李木天大为震惊，说："技至此乎！"于是倾倒下拜，深为钦佩。可见颜元武技是很精湛的。

清朝初年理学很盛行，颜元一反宋元以来的儒者习静之俗，发而为主动的思想。他说："吾尝言一身动则一身强，一家动则一家强，一国动则一国强，天下动则天下强。"62岁时，主教漳南书院，书院除了设有文事、经史、艺能课程外，还特设"武备课"，教习孙吴诸子兵法，以及攻守、营阵、水陆战法、射御、技击等课目，还特地在书院内辟有马步射圃，供习射之用。

靳辅去世

靳辅（1633~1692），字紫垣，汉军镶黄旗人，是康熙时期最有成就的河臣。康熙十年（1671）任安徽巡抚，十六年（1677）升河道总督。当时河道长期失修，敝坏已极。靳辅一到任后，即到处视察，提出了一套对黄河、淮河、运河进行全面治理的完整方案。自康熙十六年至康熙二十七年（1688）十余年时间内，靳辅奋力操劳，全面督促各项工程的进行，终于使海口大辟，下游疏畅，漕运大通。尽管在二十七年，靳辅由于朝臣的政治纷争而被免官，但他的治河功绩却得到了康熙和许多朝廷的肯定，也受到了江淮人民的称誉。三十一年（1692），靳辅重新被委任为河道总督，他依然勤于政务，曾几次上疏，提出治理黄河的具体规划，并希望重用能人。当年十一月，他不幸病逝于河道总督任上。康熙帝颁布旨意表示深为怀念，并赐谥号"文襄"，给以隆重礼葬。

设立南府

康熙年间，清设立南府，作为宫廷演戏的组织机构。

清初，宫廷戏曲演出的机构沿用明朝旧制原名为内廷乐部。由四十八处都领侍太监管理，参与演出事宜者皆太监，兼有外人，亦是承差人员，并非专门的梨园子弟。所演的剧种，仅昆腔、弋阳腔。其戏文除这两种外，大多是顺应节令之戏。康熙年间，设立南府，府址为原"南花园"，在今北京南长街南口路西北京市第六中学。开始收罗大批民间优秀艺人，教习宫中太监和艺人子弟为宫廷应承演出。到乾隆时期，规模比前扩大，在南府分设内学与外学，内宫太监为内学，征召民间艺班为外学。其设置奢华，人员众多，具有很大规模。道光七年（1827），清外学撤销，改南府为升平署，仍主管宫内演出事务，直到宣统三年（1911），随清王朝覆灭而结束，共历时160余年。

　　清设南府，虽为宫廷享乐而置，但客观上也为戏曲艺术的发展提供了一些有利的条件。

北京紫禁城漱芳斋院内大戏台

清宫医药体系完成

历代帝王对自身的健康长寿尤为重视，宫廷设置医药由来已久。到了清代，宫廷医药档案留有大量资料，可以了解清代医药学的重要方面，以及清宫医药体系的完成。

清代在明代太医院旧址继续设置太医院，官职亦因袭旧制。太医院医学分科，清初大体沿袭明代十三科，后多次减并，至光绪朝，有大云脉（内科）、小云脉、外科、眼科、口齿科，共计五科。

按照清宫规定，太医院院使、院判及其属员，依据各自的等级和专业，轮流值班。太医入宫给帝后看病，须有专职御药房太监带领，事后要具本开载本方药性治症之法，于日月下署名，以备查考。

清胡庆馀粉碎粗料药材的药具。

太医院设教习厅和医学馆作为培养人才的学校，由御医、吏目之品学兼优者充任教习，进院业医暨医官子弟，均送教习厅课读。这是太医院医生来源之一。太医院培养人才的方法大都率由旧章，以《内经》、《脉诀》、《本草》等书为基本教材。太医院医务人员，除了教习厅和医学馆培养外，大都来自地方，由地方官举荐，赴京经太医院考试，合格者入院补用或授官衔。太医们的医术都有相当造诣，由于负有保护皇家健康的重任，太医平时也注意医药理论的修养，因而太医院藏书丰富，包括汉文、满文、外文3种文字，其中绝大多数为中医书籍，既有理论又有临床，既有经典医籍又有专科著作，内容广泛。

除太医院外，顺治年间成立的御药房也是清宫医药体系的重要组成部分。御药房的药品主要来源有四：一是由各省出产药材地方征收而来，这是御药房药品的重要来源；二是各省督、抚大吏进"土贡"，内有药物一项；三是从国外进口，为数不多；四是由京城地方药商采买，这在乾隆之后成为宫中用药的主要来源，这种采办机构以同仁堂最为著称。

清代宫廷医学是与清代医学发展密切相关的，而其直接因素又与宫中御医的医学水平、医疗对象以及御医的职责相关。御医多精通医理，疗效卓著，具有较高的水平。其医疗对象主要是帝王后妃，故而御医在临症时亦多认真谨慎，这是提高疗效的重要环节，而疗效也是御

清代宫廷用玉柄水昌按摩器

医升迁的重要标准。这样，倒成了清代宫廷医学独具的特色。

清代宫廷医学已成了一个体系，它始终以辩证论治、崇尚实效为宗旨，故而能创造出不拘一格的医方医法，丰富和发展了中医药学，并成为近代中医学的重要组成部分。

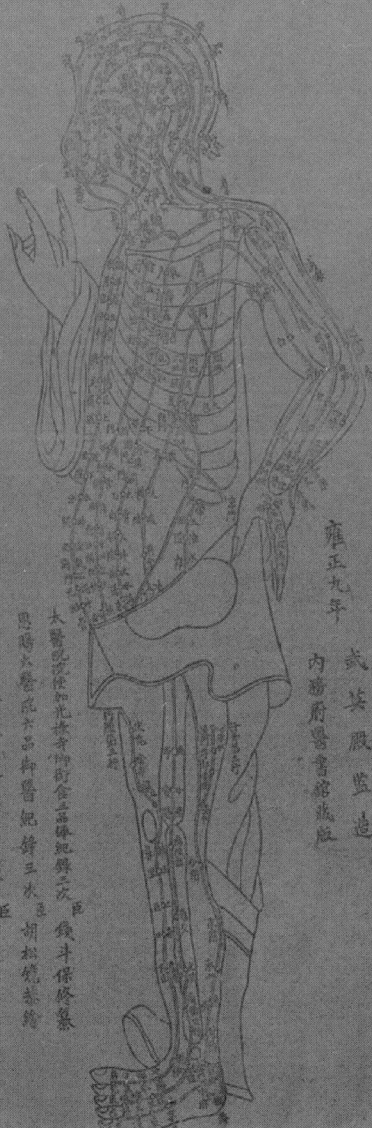

清《明堂经络图》。中医整体观的一个基本思想是认为人体内外各组织器官是一个不可分割的有机整体，而人体整体性的关键在于脏腑和经络。

汪昂普及医学知识

清代前期，中国医药学的发展趋向普及，追求实用简约。汪昂就是这时期一位极有影响的医学普及大家。

汪昂（1615～1695？），30岁以后才潜心医学，他一生醉心于医药学的普及，康熙三十三年（1694）作《本草备要》时，就说意在向一般群众普及本草知识。这本书将《本草纲目》删繁就简，言畅义晰，分析药物时必将生理、病理、诊断、治法交互融汇，使人既明道理，又懂用法。《本草备要》是我国本草药物学发展史上最富有普及作用的著作，此书自首刊后200年间，先后刊刻64次之多。汪昂的另一著作《医方集解》，旨在使本草、方剂相辅相成。这本书在每方之下必定详述其主治、组成、组方的意义及附方加减等，书末又附救急良方。因其通俗实用，故而深得医家和病人的欢迎和好评，先后刊行60余次，流传极广。

为了便于学习者的诵读和记忆，汪昂选常用的方剂300余种，将它的组成和主治功用编成200多首七言歌诀，集成一书，即《汤头歌诀》。这本书的普及意义更加强烈，自康熙三十三年（1694）刊行以来，刊行次数很多，风行海内。

北京建立东正教北堂

康熙三十二年（1693），北京东正教北堂正式建立。中俄尼布楚条约签订以后，沙皇俄国一直力图通过东正教会在中国建立新据点。义杰斯使团就曾遵照彼得一世敕令，要求为俄商建造一所教堂，被清政府严词拒绝。当时，北京已有一批俄国东正教徒，他们是在中俄雅克萨战役（1685~1687）前后被清军俘获或主动降清的，大约100人。康熙三十二年，这些人将康熙皇帝赐给他们的一座庙宇，擅自改建成东正教教堂，主持人为神父马·列昂节夫。他们利用清政府的优待，在俄国人的中国籍妻子及其亲属中发展教徒。沙皇通过来华的俄国商队得知俄国东正教在北京的这些活动后，十分重视，认为是借机向中国扩张东正教势力的好机会。此后，每次组织来华的俄国商队时，总要配有教士参加，以便加强与北京东正教堂的联系。后来，还托博尔斯克区主教伊格那提给马·列昂节夫送来教会证书，把他的小教堂正式命名为圣尼古拉教堂，中国人称之为"罗刹庙"，后称俄罗斯北馆，这是沙俄在北京建立的第一个东正教堂。康熙五十四年（1715），以赫拉尼翁修道院长、教会执事劳伦特、菲里蒙等十人组成的俄国"北京传教士团"随中国出访使团到达北京，他们以俄罗斯北馆为驻地，正式建立起传教据点。从此，在北京的俄国东正教的势力得到加强，在以后的沙俄向中国的扩张中，东正教会扮演了极不光彩的角色。

清人婚丧礼仪定形

中国近代婚丧礼仪在清代基本定形。清代，皇帝结婚称为"大婚"。皇后选定以后，先要行"纳彩礼"、"大征礼"，迎娶时行"册立礼"、"奉迎礼"、"合卺礼"，婚后行"朝见礼"、"庆贺礼"和"赐宴礼"等。

皇帝的丧事在清代称为"国丧"，全国上下都要为之服丧。皇帝死后，在上谥号入葬之前称为"大行皇帝"。死之当日要进行"小殓"。继嗣

清朝凤舆（喜轿）

皇帝、诸皇子、王公、百官、公主、福晋以下，宗女、佐邻、三等侍卫、命妇以上，男摘冠缨截辫，女去妆饰剪发。小殓后，当日或次日，或过几日进行"大殓"丧仪。清制：皇帝皇后用的棺木均用稀有的梓木制作，故称"梓宫"。梓宫必须按规定漆饰49次，四周油喇嘛敬缮西番字样，梓宫外边浑饰以金，内衬织金五色梵字陀罗尼缎五层，各色织金龙彩缎8层，共13层。大殓后，灵堂设在乾清宫内，正中宝床上停放梓宫。由于明清两代，乾清宫均属皇帝的寝宫，皇帝于此停灵，含有"寿终正寝"之意。在此期间，要向国内外颁发大行皇帝的遗诏，诏到各省时，文武官员要摘冠缨、穿素服，至郊外跪迎。从遗诏到时算起，27日后除服，百日内不准嫁娶和作乐。

　　清代民人婚嫁的礼仪，虽因地因俗而异，但却不超出古时"六礼"的范围。所谓六礼，就是《仪礼》所载的纳采、问名、纳吉、纳征、请期、亲迎等六种礼仪。"拜堂"、"合卺"二礼，属亲迎范围。综合清代文献记述，民人婚嫁的仪礼程序是：其一，议婚；其二，订婚（要办理"纳征"、"请期"手续）；其三，结婚（其中有送嫁妆、迎亲、拜天地、入洞房、喝喜酒、闹洞房、开脸等礼仪）；其四，婚后礼仪（包括贺喜、上拜、拜街、认大小、倒宝瓶、拜祖宗、回门、下地饭、归宁等礼仪程式）。

　　清代，汉族的葬式一般采用土葬。丧葬仪礼程式主要有：停尸，这是民人死后的第一个仪式，须将死者安放在规定之处后，再行供饭和点灯。招魂，按古礼俗，招魂者自前方升屋，手持寿衣呼叫，死者为男，呼名呼字，共呼三声，以示取魂魄返归于衣，然后从后方下屋，将衣敷死者身上。吊丧，丧礼的公开，先由逝者家属进行报丧，多由死者近亲晚辈到亲族家门口"叩头"报丧，通知死讯。丧期间，家属禁忌颇多，通常非丧事不谈，面垢禁洗，女忌脂粉；食米粥淡饭，不食果，以示哀恸。殡仪，又称"入殓"、"大殓"。有饰尸仪式，洗尸，按制更衣，入棺先书铭，写好柩位；入棺时，下铺上盖均十分严格；入棺的时辰要由家族占卜。后入棺盛殓，盛殓后设灵堂举行奠礼。送葬，又称下葬，是葬礼的最后程序。其中，先有掘墓破土卜吉仪式；至于送葬日辰、行列、祭品供物均有讲究。祭品包括猪、鱼、枣、栗等，按制分等；祭酒也有定制。而送葬行列更有繁简之异，富裕人家，从先导"打路鬼"、各仪杖、僧道锣鼓，直到杠抬灵柩，孝子驾灵扛幡，孝女及亲族送灵车等，甚为浩荡。

挂孝图。挂孝，亦称竖灵，即临时设立死者灵位，一般在厅堂内设灵桌，上置灵牌和香炉、油灯，有时还要请来和尚或道士念经，超度亡灵。

清代官服形成

清朝建立之后，清宫廷、官员的制服即确定。除要求本民族属员保持民族习俗外，并强迫汉人遵从满族的衣著与服饰习尚。正因如此，清代前期的衣著时尚较之前代而言，为之一变，显现出迥异的新的特色与个性。

清代前期，皇帝的服饰的样式、规仪，既因其所在的场合、所司职责的不同而异；更因其一年四季的变化而发生更易。

　　最具特色的是清官员的服装。官员系指异姓封爵的民公、侯、伯、子、男、文武一品至九品官员、未入流的品官以及进士、举人、会议中式贡士、贡生、监生、外郎耆老、从耕农官；一等、二等、三等侍卫、蓝翎侍卫、侍臣等人而言。这些人的冠服，其具体制式，按官阶的高低、品位，均有严格的规定。

　　官员品级高低的最大差别与标志，主要表现在朝冠的顶子之上：文武一品，顶红宝石；文武二品，顶珊瑚；文三品，顶珊瑚；武三品，顶蓝宝石。文武四品，顶青金石；文武五品，顶水晶；文武六品，顶砗磲；文武七品，顶素金；文武八品，阴文镂花金顶；文武九品，阳文镂花金顶；未入流者，同文九品。进士、状元，顶金三枝九叶。举人、贡生、监生顶金雀。生员，顶银雀。从耕农官，顶同八品。一等侍卫，顶如文三品。二等侍卫，顶如文四品。三等侍卫，顶如文五品。蓝翎侍卫，顶如文六品。

　　吉服冠顶子：文武一品，顶珊瑚；文武二品，顶镂花珊瑚；文武三品，顶蓝宝石；文武四品，顶青金石；文武五品，顶水晶；文武六品，顶砗磲；文武七品，顶素金；文武八品，顶同朝冠；文武九品，顶同朝冠。未入流者，顶同文九品。进士、状元、举人，顶素金。贡生，顶同文八品。监生和生员顶素银。一等侍卫，顶如文三品。二等侍卫，顶如文四品。三等侍卫，顶如文五品。蓝翎侍卫，顶如文六品。

　　清代前期，官员服饰最具代表性、穿用场所和时间最多的是"补服"（或称"补褂"，前后各缀有一块补子）。能表示官职差别的补子，即是两块绣有文禽与猛兽的纹饰。据《大清会典图》载，品官补子所绣纹饰为：文一品，绣鹤；武一品，绣麒麟。文二品，绣孔雀；武二品，绣狮。文三品，绣孔雀；武三品，绣豹。文四品，绣雁；武四品，绣虎。文五品，绣白鹇；武五品，绣熊。文六品，绣鹭鸶；武六品，绣彪。文七品，绣𬸚𬸐；武七品，绣犀。文八品，绣鹌鹑；武八品，同武七品。文九品，绣练雀；武九品，绣海马。

　　此外，在时令、品级、场合上还有多种规定，其体制丰富多彩。帝后、官员的服饰礼仪，内容丰富，它既是清代服饰文化的重要内涵与组成部分；更是这种物质文明在更高层次的升华，并与中国古代传统礼教相结合的生动体现。

明黄色缎乡绣五彩云金龙戏珠女裕朝袍

俄国使节义杰斯入京

康熙三十二年（1693）十月十五日，俄国使节义杰斯一行到达北京，几天后受到康熙皇帝亲自接见。俄国政府给义杰斯的训令内容包括：探明清政府对《尼布楚条约》和两国未定界的态度；要求引渡"叛民"，释放俄国被俘人员；探明中国各地商品行情及俄人在华经商情况；要求清政府拨地给俄国建造一座东正教堂；"侦察"黑龙江流域的情况。义杰斯使节团在北京停留期间，曾受到清廷理藩院官员两次接见。理藩院就义杰斯提出的要求和其他有关事项答复说：关于划界问题，中国方面要求俄方迅速来函定期择地会商；中国不能接受俄国提出的送回"叛离"俄境的温科特人和布里亚特人的无理要求，至于俄国被俘人员愿意返国的，业已遣回；中国不同意俄国侨民在中国建立教堂，今后俄国派遣使臣来华，人员应有所限制。义杰斯一行引起了清廷的注意，康熙谕示：务须培养国家元气，以免外患。

黄宗羲去世

康熙三十四年（1695）七月三日，著名学者黄宗羲去世，终年 86 岁。

黄宗羲，字太冲，号南雷。学者称梨洲先生，浙江余姚人。明御史黄尊素之子。父冤死，黄宗羲入都讼冤，积极参加反对阉党的斗争。清兵入关后，他起兵抗清，后失败即隐居著述。他一生著作有 60 多种，1300 多卷，研究领域涉及经、史、子、集、天文、历算、地理各个方面，与顾炎武、王夫之并称"清初三大师"。

黄宗羲的哲学思想基本倾向于唯物主义，认为"盈天地间皆气"，反对宋儒"理在气先"的观点。在政治上，他对封建君主专制制度进行了批判，认为"为天下之大害者，君而已矣！"他公开蔑视皇帝至高无上的权威，认为"天子之能是未必是，天子之能非未必非"，并因此提倡君臣共统天下。在经济上，黄宗羲主张"工商皆本"。

黄宗羲的学术成就重要体现在史学研究方面。他写的关于明朝的历史书籍很多，有《明史案》244卷，此书全本已佚，但在当时对康熙年间官府编写的《明史》产生了重要影响。他的《宋元学案》、《明儒学案》评述学术沿革，是中国学术史的开山之作。

黄宗羲像

浙江余姚黄宗羲墓

康熙二征噶尔丹

　　康熙二十九年（1690），康熙第一次亲征噶尔丹，在乌兰布通将其打败。康熙三十四年（1695）秋天，噶尔丹再次率领骑兵 3 万东掠，侵至巴颜马兰山。康熙三十五年（1696）春，康熙第二次下诏亲征，调集大兵 10 万，分为东、西、中三路：东路由黑龙江将军萨布素率东三省之兵沿克鲁伦河前进，以攻敌正面；西路由抚远大将军费扬古、振武将军孙恩克率陕甘之兵出宁夏向土拉进发，以截敌归路；康熙自统禁旅为中路，出独石口北进。五月，中路大军渡过瀚海，首先进抵克鲁伦河，与敌南北对阵。康熙亲自绘制阵图，指示破敌方略。噶

席力图召。1696 年，谨言该召大喇嘛席力图抗击噶尔丹之乱有功，康熙褒奖赐名为延寿寺。

尔丹知是御驾亲征，连夜拔营逃跑。康熙率领前锋部队猛追三天，直到拖诺山。噶尔丹逃至昭莫多（今乌兰巴托东南），被西路大军拦截。清军一战而胜，噶尔丹仅带几十名骑兵逃脱。昭莫多之战全歼噶尔丹精锐，是清朝平定噶尔丹叛乱的一次决定性战役。

为了彻底消除噶尔丹这个隐患，当年九月，康熙再次前往归化城，驻跸鄂尔多斯，召大将军费扬古筹划第三次军事行动。同时诏谕策妄阿拉布坦和青海各台吉，要他们协助朝廷逮捕噶尔丹，并派出使者分化噶尔丹的党羽。

重修太和殿

康熙八年（1669），清廷曾重建太和殿，使其成为我国木结构建筑中最高大的宫殿。康熙十八年（1679）北京大地震时，太和殿遭到破坏。康熙三十四年（1695）二月再次重修，至康熙三十六年（1697）七月结束。

两次重建工程均由老技师梁九策划。整个大殿的外形轮廓结构组合，全是梁九精心设计。梁九为了准确施工，预先按等比例缩小的方法做出了大殿的模型。这一创举，在我国古代建筑史上是一个大进步。重修工程所需楠木来自云南、贵州、广西、湖南、四川等地；石料来自房山；殿堂内铺设的金

太和殿

砖由江南官窑承烧。工程开始之日和告成之时，康熙帝均派遣官员告祭天地、宗庙和社稷。

刘献廷著《广阳杂记》

刘献廷（1648～1695），字继广，又字君贤，别号广阳子，大兴（今北京大兴县）人。

刘献廷喜欢游历，知识极为丰富，无不精晓，以深通舆地之学著称，曾奉诏参加过撰修《大清一统志》的工作。他对于地理学的发展方向有其卓越的见解。《广阳杂记》是刘献廷遗留下来的唯一著作，原稿大约完成于17世纪末，后由其门人编辑成书，凡五卷，内容涉及天文、地理、自然、人文、社会等诸多方面。此书以笔记形式随手记录，极似北宋沈括《梦溪笔谈》的体裁及内容，但其中有关舆地、地图、水利、物候、资源、游记一类的文字，约200余条，在全书占有相当大的比重。刘献廷颇擅舆图之道，并极讲求实用，《广阳杂记》中就有多处谈论绘制地图之道。

颜元主持漳南书院

康熙三十五年（1696），著名学者颜元开始主持漳南书院。23岁后，颜元开始办学塾教授子弟。与此同时，潜心学问，孜孜不倦，终于成为清代前期著名的启蒙思想家和教育家。颜元是一个朴素唯物主义者和功利主义者。他主张习行、践履，提倡学以致用。这些思想自然也体现在他的教育实践中。颜元主持漳南书院时，已经62岁。他大胆对旧教育制度实行改革，在书院里分设文事课，教礼、乐、书、数、天文、地理等；武备课，教兵法、攻守、营阵、陆水诸战法及射、御、技击等；经史课，分十三经、历史、诰制、章奏、诗文等；艺能课，分水学、火学、工学、象数等，废除八股篇章，务使学生学到富国强兵的真本领。同时他注重教育与实践相结合，反对闭门诵读，静坐修养。颜元提倡的教育内容和方法，在当时均具有创新意义。漳南书院的改制，在颜元一生中也具有重要地位。颜元主持书院仅半年时间，书院即被洪水冲毁。由于资财有限，无力再举，颜元不得不怅然返家，他以教育振兴民族的理想遂未能实现。

藏族人类起源图。现存于西藏布达拉宫。在藏族神话传说中，神猴是人类的祖先。本图表现了经菩萨点化后，神猴逐渐进化成人的传说。

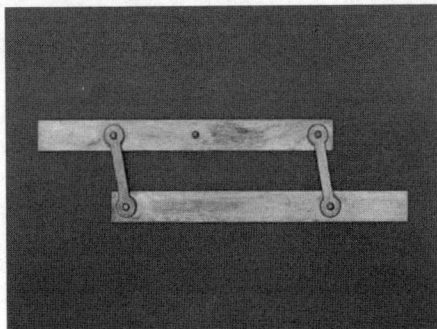

清代铜平行线尺，可用于测量和绘图。

工匠雷发达去世

康熙三十二年（1693），杰出的建筑学家雷发达病逝，享年75岁。

雷发达，江西南康人。幼年随父迁居南京。刚30岁即成了有名的工匠。康熙初年，与堂兄雷发宜一起被征入京，参加皇宫修建。由于他的高超技艺，被任命为工部样房掌案。此后30多年，他作为宫廷建筑大师，参与了许多建筑工程设计，积累了丰富的经验，总结了一套建筑设计的技术。雷发达曾经用硬纸板制作可以揭开房顶观察内部样式的建筑模型（即烫样），开了我国活动模型设计的先例。他病故后，其子雷金玉继承了他的技艺，以后一直传到第六代雷廷昌。他们祖孙六世从事"官式"建筑200年，先后参与设计修建的有"三海"、"四园"以及东、西二陵等许多重大工程。其所设计各种图样广为使用，雷家也因此被称为"样式雷"。

清代北海内一组建筑制作的烫样

三征噶尔丹

在康熙二十九年（1690）和康熙三十五年（1696）康熙帝二次亲征噶尔丹后，噶尔丹已元气大伤，陷于绝境。但他们试图作垂死挣扎。为此，康熙三十六年（1697）二月，康熙又一次强征噶尔丹，率军西渡黄河进至宁夏。康熙亲自部署军事，命马思哈、费扬古出贺兰山，萨布素往克鲁伦河，两路进兵。而此时，噶尔丹的倒行逆施和残酷搜括，早已激起各族人民的愤慨。

哈密的维吾尔族首领都扬达尔罕抓住前往哈密征集军粮的噶尔丹之子赛卜腾巴尔珠，解送京师。噶尔丹的部属也分崩离析，纷纷向清政府投诚，并积极担任向导，带领清军深入平叛。噶尔丹的侄子策妄阿拉布坦配合清政府的进攻，在阿尔泰山设伏，准备捉住噶尔丹献给朝廷立功。闰三月九日，康熙命孙思克和李林隆各率2000精兵分路搜剿噶尔丹。十三日，噶尔丹在绝望中服毒自杀。四月七日，康熙班师回朝，

《北征督运图册》。此图描绘康熙帝平定噶尔丹叛乱时向克鲁伦河运送军粮的情景。

途中作《凯旋言怀》诗，诗中写道："六载不止息，三度勤征轮。边埃自此静，亭堠无烟尘。"这几句诗确是对康熙三次亲征噶尔丹的总结。

噶尔丹叛乱平定后，清政府即遣送喀尔喀各部重返自己原来的牧场安养生息，蒙古高原恢复了宁静。

巴黎出版《康熙皇帝》

康熙三十六年（1697），法国传教士白晋所著《康熙皇帝》在巴黎出版。

白晋，1656 年生于法国曼城。康熙二十四年（1685），他受法王路易十四的派遣，随法国天主教传教团前来中国，康熙二十七年（1688）抵达北京，颇受康熙皇帝赏识。他曾为康熙帝讲授天文历法及医学、化学、药学等西洋科学知识，与康熙过从甚密。康熙三十六年（1697），康熙帝特封白晋为"钦差"，回法国招聘耶稣会士。白晋带着康熙帝送给路易十四的礼品抵达布雷斯特后，即向法国当局传达了康熙帝的旨意，同时向路易十四上一奏折，即《康熙皇帝》一书。该书简要叙述了康熙帝的文治武功，比较详细地介绍了康熙帝的品德、性格、生活、爱好等情况。白晋的这一奏折引起了法国当局的重视和兴趣，从而使之以书稿形式出版发行。在白晋的介绍和号召下，康熙三十八年（1699），又有 10 位经过挑选的耶稣会士随白晋来华，大多是精通天文、历算、舆地、医学等专门知识的人。

戴梓制造火器

戴梓，字文开，浙江仁和（今杭州市）人。生于明末，卒于康熙年间。他博学多能，通晓天文、历法、河渠、诗画、史籍等，对机械、兵器制造尤为精通。康熙平定三藩之乱时，他被康亲王杰书礼聘从军。从此，他充分发挥自己的卓越才能，创造和仿制了一系列先进的机械工具和兵器。

旧式火铳有点火慢、易受潮、使用起来不方便的缺点。戴梓总结旧式火器的利弊后，吸取其他火器，包括西洋火器的优点，创造出一种"连珠铳"。这种铳，形若琵琶，可以连续发射 28 粒子弹。构造和用法与现代的机枪有些相似，以机轮控制弹药，使用比较方便，并使军队战斗力大为提高。后来，戴梓还奉康熙帝之命制造出一种"冲天枪"，又名子母炮，长二尺一寸，重约300斤，弹道弯曲。这种炮的炮弹大如瓜，内设空穴可装火药，同时可根据射程决定用药量。炮弹发射爆炸时，从天而下，片片碎裂，杀伤力很强。在平定噶尔丹叛乱中，这种火炮发挥了重大作用。戴梓制造的许多兵器，后来都被列入《钦定工部则例造火器式》，成为工部依式定造的样板，全国通用，戴梓也因此被人称为火器专家。

王夫之终结宋明理学

王夫之（1619～1692），字而农，号姜斋，湖南衡阳人。晚年因隐居衡阳石船山麓，被人称为船山先生。他出身于书香门第。自幼承继家学，博览群书，名振乡里。然而，科举三次落第，崇祯十五年（1642）第四次乡试才中了举人。那一年末，与其兄赴京会试，因李自成、张献忠农民起义而阻断了道路，未能成行。次年九月，张献忠攻下衡阳，邀请王夫之兄弟加入起义军被拒绝。顺治五年（1648），具有强烈民族意识，不满于清廷的民族高压政策的王夫之，在南岳衡山策划武装抗清，因泄密而落空。后投奔南明桂王，任行人司行人之职。他

王夫之像

目睹了统治阶级内部争权夺利的相互倾轧，竭力抨击"结奸误国"的东阁大学士王化澄，几乎惨遭残害，被迫逃离而投奔桂林抗清将领瞿式耜。瞿牺牲后，王夫之流浪于湖南荒山野岭之间达4年之久。顺治十四年（1657）才辗转返回衡阳，隐居石船山著书立说。

王夫之在极度艰苦的条件下，在强烈的历史责任感驱使下，坚持学术研究，不间断著述活动。其著作内容宏富，广泛涉及政治、经济、哲学、史学、文学、训诂、天文等方面。流传至今的或有目可考的尚达100多种，398卷。《张子正蒙注》、《周易外传》、《尚书引义》、《读四书大全说》、《思问录》、《黄书》、《噩梦》、《搔首问》、《俟解》、《读通鉴论》、《杂论》、《老子衍》、《庄子通》、《诗广传》等。

王夫之继承和发展了张载以来的唯物主义的"气"本论，明确提出了"太虚即气"、"太虚一实"的命题。认为宇宙万物的产生、变化都是"气"聚散的结果。他对气的物质性作出了更高的哲学概括，认为"气"是永恒不灭的，客观世界的变化，只是物质形态的"气"的有形与无形的转化。这一哲学命题成为批驳佛、道的有力武器，并以此为出发点，破除理学家对"太极"的神化，使程、朱理学的唯心主义哲学基础彻底动摇。"太虚一实"的"气"本论，坚持了理和气的一致性，批驳了程朱理学的"理在气外"、"理本气末"的谬误，认为理不能脱离物质性的气而存在。

针对理学家"道本器末"、"理在事先"的观点，王夫之提出"道在器中"，不能离开用来标志具体事物的"器"来讲"道"——标志事物共同本质及其规律，从而揭露了佛、道和宋明理学形而上的本体论的虚伪本质。以"太虚一实"的"气"本论为出发点，承认客观世界的物质性，进而得出客观物质世界的固有属性是运动，"太虚本动"，"变化日新"的辩证发展观。肯定了运动的绝对性和静止的相对性，在二者关系上也坚持了其互相依赖和包含的关系，驳斥了佛、道、理学中割裂动静关系的错误言论。王夫之认为事物的运动变化，是事物内部对方——"两端"相互斗争的结果。二者"相峙而并立"为"分一为二"，又"相倚而不相离"为"合二以一"，即既对立又统一，事物都是矛盾统一体。其斗争性是事物矛盾转化的根本原因。

王夫之的"气"本论是古代唯物主义思想的集大成，使我国的朴素唯物辩证法的理论形态发展到了顶峰，为明清之际的实学高潮奠定了坚实的哲学基础。在此基础上，他坚持"行可兼知"、"言必有证"的知行统一观和务实学风，与理学"知先行后"的唯心主义根本对立。同时也抨击了心学"知行合一"的主张。对割裂"知"与"行"即理论和实践关系的理学，混淆"知"与"行"的心学都全面地予以否定。此外，他针对理学家"存天理，灭人欲"的思想，提出"理欲统一"的论点，认为"天理"和"人欲"并不是截然对立的，而是统一的。"天理"就存在于"人欲"之中。佛、道及理学的宗教禁欲主义至此也彻底破灭了。

总之，王夫之以我国的朴素唯物辩证法思想为哲学基础，彻底批判和抨击了宋明理学和佛道的某些思想。试图通过对理学的批判探究明王朝的兴亡得失，寻找历史发展的规律，作为后世的鉴戒。

湖南衡阳王夫之故居

恢复加强驿传体系

　　清政府定都北京以后，八旗军继续向农民起义军和南明军队发动攻击，战争连年不断，为方便奏报军情，迅速传递军令，沟通北京与内地各省的联系，清政府首先在内地各省筹建驿站。后来在东北、西北、蒙古边境也设置多种形式的驿传组织，形成了以北京为中心，辐射到全国各地的驿递网络体系。

　　东北驿路、驿站早在清军入关前就得到恢复，由北京到盛京、吉林、黑龙江口。17世纪中后期，康熙为了反击沙俄殖民军的入侵，又派人勘测路线，添设新驿站，逐渐形成了以齐齐哈尔为中心并通往黑龙江流域完整的交通网。北路通往漠北喀尔喀的蒙古驿路，是在平定准噶尔贵族叛乱和同沙俄交涉过程中逐渐设置的，可由北京经过内蒙古，再通过蒙古大沙漠，分别到达外蒙古的库伦、恰克图、乌里雅苏台和科布多等地区。

　　新疆西路驿路，可从嘉裕关到哈密，再由哈密去天山南路可到喀什噶尔，去天山北路到伊犁。它是在平定准噶尔部和回族贵族叛乱的过程中逐步安设

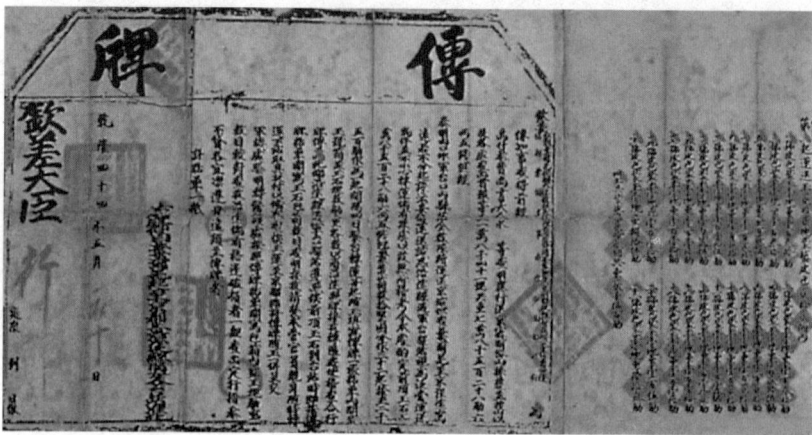

清乾隆四十四年（1779）所用的驿站传牌。

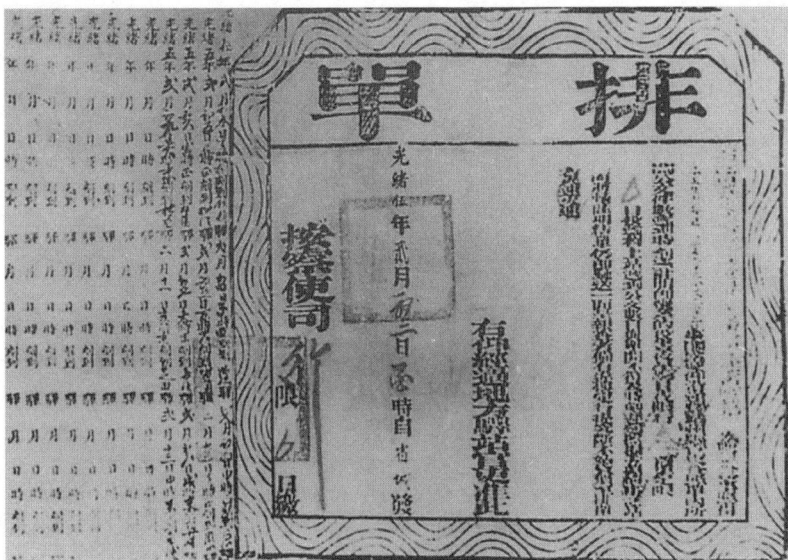

清朝驿传所用排单既为驿传文书凭证，又能验录公文传递情况。图为清光绪五年(1879)
二月的一份排单，排单左边是经过驿站填写的收发时间。

并完善起来的驿路。

中原内地驿路有三条路线：东路通往山东、江苏、安徽、江西、广东、浙江、
福建；中路通往河南、湖北、湖南、广西、云南、贵州；西路通往山西、陕西、
甘肃和四川。所有这些驿路，在密度、广度上都超过了历史上任何朝代。

为了加强对驿路、驿站的管理，兵部特设车驾清吏司，专门掌管全国驿
传体系，在各省设按察使司，由按察使管理。驿传的组织系统，根据路途的
远近和地理位置的重要程度，分为驿、站、塘、乡、所、铺六级，各级任务
也相应不同。驿设于内地各省，主要任务是传递通信，迎送使臣和运送官物；
站设于东北、外蒙古，任务是传达军情；塘设于甘肃安西州、新疆哈密厅、
镇西厅，任务是传送该地区出入文书；台设于西北两路，负责接送文报。据
光绪朝会典记载，全国各地共设驿、站、台、塘1791处。

驿站、驿路网络体系的建立，把全国各地与国家的心脏地区联成一体，
保证了通讯的畅通和物资的转运，也促进了清代生产的发展与经济繁荣，密
切了全国各民族之间的往来，维护并巩固了多民族国家的团结、统一和稳定。
也为后来中国邮驿制度的建立打下了基础。

康熙盛世时期

清代驿道系统分三等，一是以北京为中心的"官马大道"；二是以省城为中心的"大路"；三是通往各市镇的"小路"。图为清皇太极时调兵的满文信牌，持这类牌者可使用驿站。

重修孔庙

康熙三十二年（1693）十月六日，孔庙重修工程完成，康熙帝派皇子允祉、胤禛前往致祭。

还是康熙二十三年（1684），康熙帝巡省东方，曾到曲阜祭祀孔子。看到孔庙多历年所，丹获改色，榱桷渐圮，于是决定动用内帑，派专人前往主持修缮工作。重修工程从康熙三十年（1691）夏天开始，康熙三十一年（1692）秋天基本完成。重修后的孔庙平面是长方形，总面积约 327 亩，周环以高墙，配以角楼，前后九进院落，殿堂楼阁 460 余间，门坊 54 座，2000 多块碑碣。主体建筑大成殿，取"集古圣先贤之大成"意。殿高 24.8 米，阔 45.78 米，深 24.89 米，重檐九脊，斗栱交错，金碧辉煌。殿内供奉孔子及其弟子和儒家历代先贤塑像。为纪念这一重修工程，庙内还立有《御制重修阙里孔子庙碑》一座。

位于江苏苏州西南横塘镇东的横塘古驿亭。驿亭始建年代不详，公元 1874 年最后一次修缮。驿亭处水陆交通要冲，为苏州驿传中转枢纽所在。古驿亭坐北朝南，左右石柱上对联是："客到烹茶，旅舍权当东道；灯悬待月，邮亭远映胥江。"署题"同治十三年 (1874) 六月"。

康熙帝为孔庙题"万世师表"匾

北京孔庙大殿俯视

康熙第三次南巡

　　康熙六次南巡，主要目的都是视察河防。康熙三十八年（1699）正月，康熙以黄、淮连年溃决耗费巨资而无成效，于是决定第三次南巡，查看河道，指示方略，并巡历江浙，察吏安民。二月三日，康熙帝南巡启行，于大通桥乘舟南下。十二日，康熙泊桑园，命直隶巡抚李光地等往视漳河与滹沱河，如漳河故道可寻，即可开通引入运河；如虑运河难容，即于运道之东别开一河，使之赴海。十八日起，康熙帝只乘一舟，减少扈从，昼夜前进，往阅黄河以南各处堤防。在高家堰、归仁等处堤工，以河工敝坏，令原任河督董安国、原任河道冯佑于运口等处挑浚引河、修筑水坝赎罪。三月一日，康熙召见桑额、于成龙、徐廷玺等，详加指示治河方略，并命于成龙委派效力人员从速开浚下河海口。六日，康熙帝舟泊高邮州，指出经过测量河水比湖水高出四尺八寸，湖石堤被水浸坏，命于成龙迅速派人查验修理，四月四日，康熙渡太湖。十三日，祭奠明太祖陵，并检阅江宁驻防官兵。二十一日抵达扬州府。二十七日，康熙帝渡黄河，乘小船沿途巡视新埽，就修防诸事指示于成龙。五月十七日，康熙帝返回京城。此次南巡历时 103 天，康熙自淮南一路详阅河道，亲自登堤测算黄河、运河及洪泽湖水位，尤其对那些关系全局的中心工程，康熙更是亲临视察，亲作部署，从而有力地保证了治河成效的取得。

清人绘的《康熙南巡图》，以皇帝活动为中心，展示了各地的民情风貌。此处筛选的是康熙出京城和在江南巡视的片断。

顺天乡试舞弊案发生

　　康熙三十八年（1699），顺天乡试正考官李蟠、副考官姜宸英瞻顾情面、纳贿徇私，引起民怨沸腾。

　　发榜后许多考生写文章张贴于市，揭露考官不念寒士之苦，利欲熏心，趋炎附势，把朝廷高官的子弟尽列前茅，部院大臣数十人的孩子也都取中。文章还列举了大学士王熙、李天馥，尚书熊一潇，左都御史蒋宏道，湖广巡抚年遐龄等子孙通贿中举的情形。十一月三日，江南道御史鹿祐疏参李蟠、姜宸英等纵恣行私。十三日，康熙谕示将所取举人齐集内廷复试，然后酌情对考官进行处治。三十九年正月二十八日，顺天科场复试进行。康熙亲阅试卷，发现科考的确有不公允处，遂令九卿议决，三等以上仍准会试，以下即令黜革。原主考官李蟠遣戍关外，姜宸英未及定刑即病死狱中。

清代举行乡试的场所——南京贡院

清朝

1704A.D. 清康熙四十三年

长生殿作者洪升死；史学家高士奇、思想家颜元卒。

1708A.D. 清康熙四十七年

四月，山东捕获朱三太子，解浙审讯。六月，审结朱三太子案。九月，废皇太子允礽，杀、流其党。

1709A.D. 清康熙四十八年

是岁，词人朱彝尊死。

1701A.D.

布兰敦堡选侯腓德烈三世加冕，称国王腓德烈一世。

9月7日，第三次反法大同盟成立。长达14年之"西班牙承继战争"开始。

耶鲁大学建立。

1702A.D.

5月，英国参加西班牙承继战争，向法国宣战。

1703A.D.

俄国都自莫斯科迁至彼得堡。

1704A.D.

8月4日，英海军占领地中海西部门户，西班牙南海岸之要塞直布罗陀。

英国哲学家约·洛克去世。

1705A.D.

英格兰托马斯·牛可门（1729～1800）与考列及塞弗利共同发明蒸气机。

数学家雅·伯努利去世。

1706A.D.

法军在意大利节节失败。9月都灵战役后几完全丧失意大利。意大利自此自西班牙势力下逐渐转为奥地利所掌握。

1707A.D.

顿河下游哥萨克人在布拉文领导下大举起义。

5月1日，苏格兰与英格兰实行合并，称"大不列颠王国"（联合王国）。

1708A.D.

联军在根特与布鲁日大败法军后进入法境，围攻利尔，陷之。

1709A.D.

7月8日，彼得一世大败瑞典军于波尔塔伐。

钢琴发明。

1710A.D.

乔·贝克莱发表《人类知识论》。

施青天治湖南

康熙四十年（1701）十二月，施世纶升为湖南布政使。施世纶，字文贤，汉军镶黄旗人，施琅之子。世纶为官聪敏果决，经常打击抑制豪强狡猾之徒，对下级小吏也管禁严格。所到之处，政绩颇佳，人民称其为"青天"。淮安水灾，世纶前往督工，侍从数十人。其中有人在驻地骚扰百姓，世纶对不法者予以严厉制裁。湖北兵变，官兵授军路过州境，世纶备好军粮，让吏人手执梃杖隐队等候，如看见军队有骚扰民众的举动，就立即逮捕治罪，过境士兵因而没有扰民之举。扬州市民喜好游荡，世纶大力禁止，民风民俗因而为之一变。如果百姓与生员争论而打官司，世纶必然维护百姓；生员与缙绅争讼，则必然维护生员。康熙帝极为欣赏，于四十年十二月任命他为湖南布政使。四十四年，升任太仆寺卿。次年，又授顺天府府尹，四十九年，升任户部侍郎，督理钱法。五十四年，调漕道总督。六十一年逝去。

阎若璩去世

康熙四十三年 (1704) 六月，著名的考据学家阎若璩病逝，终年 69 岁。

阎若璩，字百诗，号潜丘，祖籍山西太原，生长于江苏淮安。阎若璩最有名的著作是《古文尚书疏证》。《尚书》自秦朝毁于火后，至西汉初年，伏生传述 28 篇，后又得秦誓，共 29 篇，是为今文尚书。汉武帝时，从孔子家墙壁中得古文《尚书》，比今文多 16 篇，孔安国把它献给朝廷。东汉时期，这 16 篇又失传。东晋梅赜献古《尚书》文，变成 25 篇，还有所谓《孔安国传》。以后历代有人对梅赜所献的《尚书》表示怀疑。

阎若璩效法宋人欧阳修，从《尚书》的篇数、篇名、字句、书法、文例等提出很多证据，并引用《孟子》、《史记》、《说文》等书作为旁证。他证明古文《尚书》文 25 篇和《孔安国传》都是伪书。古文《尚书》是伪作铁证如山，从此不可动摇。

阎若璩的贡献是清代考据学的先声，提倡了新的学风，同时也对传统经学和理学带来了巨大冲击。

清三彩五彩出现

所谓三彩、五彩都指的是在烧成的陶瓷素胎上进行彩绘，然后再低温烘烤而成的釉上彩瓷器品种。彩绘用色，以黄、绿、紫等三色为主，不用或少用红色，称为"三彩"，又因黄、绿、紫三色色调淡雅素静，又称"素三彩"。彩绘用色若以红、黄、绿、紫等五色为主，则称五彩。

清三彩以康熙三彩为代表，大多是单线平涂，绘画花果鸟虫，品种有白地、黑地、紫地、黄地等几种。其特征是朴素苍劲、典雅沉静。除单线平涂外，还有一种不画纹样点染而成的，色彩斑斑驳驳，自然天成，与唐三彩相似。

清五彩也以康熙朝五彩最为精彩。康熙朝五彩比明五彩色彩种类有所增加，还出现了釉上蓝彩、黑彩、金彩，因此清五彩色彩更加娇艳、富丽堂皇，其彩绘多以单线平涂，线条刚劲，多画历史故事（古典小说情节）或刀马人物，也有耕织图、渔家乐等题材，与当时年画、版画的风格接近。因为五彩色彩对比强烈，鲜艳浓丽，又称"硬彩"，还因为五彩配色用料完全依照传统配方，并采用中国色料，又称为"古彩"。

康熙五彩镂空瓷香炉

雍正蟹甲青釉瓜棱罐

雍正珊瑚釉粉彩花鸟瓶

粉彩描金海晏河清瓷尊

康熙东青地五彩花鸟纹花盆

乾隆粉青釉鸡形薰

康熙青花鹤鹿同春罐

康熙赞赏西方文化

清康熙帝在位 61 年，是清代中西文化交流最活跃的时期。

康熙登基时，在历法上革新和守旧两派势力交锋中，革新派败，新历法被废，推行西洋新历的传教士汤若望、南怀仁等相继入狱。1669 年，康熙亲政，革除顽固守旧派杨光先职务，任命南怀仁为钦天监监副，主持新历的推行和天文仪器的改铸，被拘禁的传教士也先后获释。南怀仁采用欧洲天文学制度和仪器结构，设计、监造了天体仪、黄道经纬仪、赤道经纬仪、地平经仪、象限仪、纪限仪等六件大型铜制天文仪器，并在 1674～1680 年，为康熙平定三藩之乱监造了西洋铁炮 120 门、神武炮 320 门及威力巨大的神威炮 250 门以装备清军，使其实力大大增强。

历法改革和西洋大炮的功效，吸引康熙帝关注西方科学的发展，并且亲自学习和了解西方科学知识，精通天文历算的传教士恩理格、闵明我、徐日升等因此而成为康熙帝学习西方科技文化的第一批洋教师，轮流为他讲授天文数学和乐理知识。他们向康熙帝进呈了一批制作精巧的天文学仪器，如水平仪、半径仪等，并介绍了两种判断日蚀和月蚀的新方法。

通过外国使节和传教士的介绍，康熙帝了解到很多欧洲科学、艺术和风俗习惯，并仿照欧洲的设计，在内府设置了专门的机房制造各种新奇产品。1708 年康熙帝起用白晋、雷孝思、杜德美等 10 名教士，花费 10 年时间于1718 年完成了《皇舆全览图》的制作。

康熙本人还爱好数学，白晋、张诚曾为他讲解欧几里德几何学，并奉命编写《实用几何学》和《几何学纲要》；安多则奉命写作一本包含欧洲和中国著作中最有趣的算术和几何运算纲要。这些著作的出版加速了欧洲科学在中国各知识阶层的推广。

康熙帝相信西医并在臣僚中推广，白晋、巴多明用满文译出《人体血液循环剖析和但尼斯的新发现》，18 世纪初得以在北京宫廷中传播，这是中国最早接受的近代实验生理学的信息，在北京的法国教士还为康熙写过哲学教本。

康熙读书像

史学家万斯同去世

康熙四十一年（1702）夏，史学家万斯同去世，享年65岁。

万斯同，字季野，学者称石园先生，浙江鄞县人，是黄宗羲的弟子，博通诸史。康熙十八年，徐元文监修明史，想推荐万斯同进入史馆，万力辞不就。三十二年，王鸿绪、陈廷敬等任修明史总裁，延请万斯同，委以编纂事务。万的条件是以布衣身份参加，不署衔，不受俸。明史最后刊定，即以王鸿绪稿本为基础进行增删，而王的稿本大半由万斯同撰写。万斯同撰写明史，博采郡志、邑乘、私家著述，而以实录为主，实录难详者，再用其他书补证。万斯同独立著成《明史稿》500卷，堪称巨制，蔚为大观。又著有《儒林宗派》，持论公允。他还著有《历代史表》、《历代宰辅汇考》、《宋季忠义录》、《石园诗文集》等史学、文学著作。

万斯同像

康熙帝第四次南巡

康熙四十二年（1703）正月十六日，康熙帝从京师启程，开始第四次南巡。二十五日至长清县黄山店，夜间大风，南村失火，康熙帝命大臣侍卫等前往救火。第二天下命，凡该村失火房屋，每间给银3两。二十六日，康熙帝驻泰安州，登泰山。同时下令免去山东受灾歉收25州县康熙四十一年未完钱粮，康熙四十二年钱粮分3年带征。二月一日，康熙帝谕示山东巡抚王国昌，应妥善抚绥灾民，避免出现流离失所的局面。官民可自愿以银米赈灾，降革官员许以赈济赎罪，二日，又命张鹏翮以漕米2万石遣官运往济宁、兖州，桑额以漕米2万石于泰安进行平粜散赈。五日，康熙帝渡过黄河，至淮安府，视察河堤，传旨张鹏翮在黄河烟墩等3处筑水坝。十一日，康熙帝到苏州。在接见偏沅巡抚赵申乔时说，湖南私征比正赋多数倍，收钱粮时所耗也比别省为烈，百姓穷困，应严饬属员痛改前非，力减所耗，尽革私征，务使流离者返乡务农。十五日，康熙帝抵杭州，检阅驻防官兵，并赏以银两。二十一日，谕各省督抚等官各将藏书目录呈览。二十二日，对大学士强调，地方督抚安静而不生事，于民有益。如果只仗才干，不体民情，以争先出众为目的，必然使老百姓遭殃。三月二日，康熙帝察看高家堰堤，谕示防险人员应挑选此县丞职衔稍大，家产殷实的人担任，他说，此类人知道自爱其家，又有选用之望，必能尽职防守。

康熙帝于三月十五返回北京，结束第四次南巡。

开始修建避暑山庄

康熙四十二年（1703年），避暑山庄在承德开始兴建，至四十七年（1708），初步建成。初称热河行宫，五十年（1711），康熙帝亲笔题名为避暑山庄，也称承德离宫。玄烨在避暑山庄处理朝政，举行大典，接见臣工、各少数民族领袖。避暑山庄成为清廷又一政治中心。它包括宫殿区和苑景区两大部分，总面积为 564 万平方米。宫殿区，在整个山庄的南部，是皇帝处理政务和居住的地方，包括正宫、松鹤斋、万壑松风、东宫四组建筑。苑景区，又可分为湖区、平原区、山区三部分。康熙帝在其统治的中晚期兴建避暑山庄，是北方民族固有习俗的体现。因为秋冬违寒，春夏避暑，两地移住，是我国北方游牧、狩猎民族向来的生活习俗。满族是我国的北方民族，避暑山庄建成以后，康熙帝几乎每年中都有半年的时间住在这里，这正是满族习俗的体现。

康熙题"避暑山庄"匾

避暑山庄正宫的正门五体文字门额

避暑山庄正宫的正门

张鹏翮治河

康熙四十二年（1703）三月，河道总督张鹏翮治河成绩卓著，爱新觉罗·玄烨制书赏赐，颁恩诏38款。

张鹏翮，字运清，四川遂宁人。康熙九年（1670）进士。改刑部主事，累迁礼部郎中。十九年，授江南苏州知府，后擢升河东盐运使，再迁通政司参议，后调到兵部督捕副理事官，参与勘定俄罗斯边界，擢升大理寺少卿。二十八年，授浙江巡抚。三十七年，迁礼部上书、授江南江西总督。三十九年，授河道总督。张鹏翮到任后，调查实情，上书陈述治理黄河的办法，工作态度极为精细详备。

黄河水高6尺，而淮河水低6尺，由于水位差的关系，所以淮河经常淤塞。张鹏翮就任河道总督之后，将六坝堵闭，使洪泽湖高，力能敌黄，这样，运河就不致于有倒灌的水患，因而黄河治理工作取得显著成绩。康熙四十二年三月，玄烨南巡，全面参观治黄工作现场。并作《河臣箴》、《淮黄告成诗》赐张鹏翮，并作榜书奖励张鹏翮的父亲。康熙帝还说：鹏翮亲自到治黄现场，每天骑马巡视堤岸，不畏劳苦。像张鹏翮这样做官，我还有什么不满意的呢？

诗人叶燮病逝

康熙四十二年（1703），著名的诗歌理论家、诗人叶燮去世，享年76岁。

叶燮，又名世倌，字星期，号已畦，苏州府吴江人。叶燮出身于世代仕宦和书香家庭，父亲叶绍袁是明代进士，后因厌恶官场生活，辞职回家。叶绍袁的子女都能诗善文，全家人吟诗唱和，自相娱乐。在这样的家庭氛围熏陶下，叶燮4岁能诵《楚辞》，少年时即作诗词数百首。康熙初年，叶燮乡试中举，后又中进士，授江苏宝应知县。因拒绝克剥百姓，被弹劾去职。从此，他开始了长期的流浪生活。他曾游历泰山、黄山、庐山等，几乎踏遍了全国的名山大川，这大大地开阔了他的视野，丰富了他的生活。他的诗歌理论在当时广有影响。他不满意明代前后七子的复古论调，认为诗歌是人的感情冲动的产物；诗人应当敢于思考，打破传统偏见；诗人的志趣、理想以及对于生活的态度、认识和判断能力，是诗歌创作的基础，决定了诗歌的生命。叶燮推崇杜甫、韩愈、苏轼的诗，学习他们诗中沉郁、雄奇、豪健等特点。

叶燮的主要著作有《已畦集》、《已畦诗集》、《诗集残余》等。

尤侗去世

康熙四十三年（1704）六月尤侗病逝，享年 87 岁。

尤侗，字同人、展成，号悔庵、艮斋、西堂老人等。苏州府长洲（今苏州市）人，出身于书香世家。他一生著作宏富，涉足文史，总计著述 34 种，近 140 卷。其中《西堂全集》67 卷，《西堂余集》66 卷，收录了他所作的诗词、乐府、杂剧、传奇、论文、笔记以及在史馆内的著作。《鹤栖堂集》6 卷，收录了他康熙三十八年以后的作品。尤侗工于诗词，又精通音律，因而他的作品以杂剧和传奇的成绩最为突出。他的作品在某种程度上暴露了当时社会的弊病，反映了他对民族压迫的不满。对于尤侗学术方面的成就，清朝最高统治者极为重视，多次予以褒奖。顺治帝曾称誉尤侗是"真才子"，康熙帝也称他是"真

吴郡名宦先贤遗像，右一为尤侗。

名士"。康熙三十八年二月，康熙帝南巡，82岁的尤侗到无锡迎接。尤侗作《万寿词》祝贺康熙帝生日。康熙帝赏赐酒宴并御书"鹤栖堂"字幅。康熙帝于四十二年再次南巡期间，尤侗不顾年老体迈仍到无锡接驾。康熙帝擢升他为翰林院侍讲，晋承德郎，再次赐御书以示嘉奖。一个汉族知识分子受到清帝两代人的称赞，在当时实属不多。

颜元创颜李学派

颜李学派是清初一个十分重要的学派，由清初著名思想家颜元开创，并被其弟子李塨广为传扬，对当时的学术产生过巨大影响。

颜元（1635～1704），字浑然，号习斋，河北博野人。一生从事学术研究和教授生徒的生涯，从未出仕。他一生著作宏富，主要有《四存编》、《四书正误》、《朱子语类评》等。

李塨（1659～1733），字刚主，号恕谷，河北蠡县人。颜元学术思想的直接继承者。他多才多艺、著述颇丰，主要有《四书传注》、《周易传注》、《拟太平策》、《大学辨业》、《恕谷后集》等，涉及礼乐兵农经史等诸多领域。

颜李的学术思想集中体现于以经世致用的实用学说反对空疏的理学，倡导"习行"。以前所未有的大胆笔触猛烈抨击理学，以"复古"为旗帜提倡"革新"。其倡导和身体力行的"习行"注重实践，以实文、实行、实体、实用来创造实绩而使物阜民安。在《朱子语类评》中，他揭露了世儒只读经注，以博取功名富利的空虚学风，并针对理学家静坐参悟，大力提倡"动"，认为"动"能强身、强国、强天下，以期达到治国平

颜色著作《存性编》

天下的目的。他构想的"漳南书院"集中体现了这一思想，以"六艺"之学对抗理学，认为八股取士的学风造成了天下无办事之官，庙堂无经济之臣；八股文盛行使天下无学术，因而朝廷无人才，天下无政事，无治平，无民命。只有按照"漳南书院"这种模式兴办学校，教授"六艺"，复兴学校，才能造就经世治邦的人才。

颜李实学建立在"气"一元论的哲学基础之上，认为气生万物，理气合一。在此前提下提出了人性即人生的所谓"生之谓性"的命题，反对理学轻视气质之性，并将气质之性与义理之性割裂的主张。为批评理学将天理和人欲对立的主张，提倡"见理于欲"，认为欲是人的真情致性，充分肯定人道的合理性。以经世致用的事功之学对抗理学的"误天下后世"的禅宗哲学，大胆借鉴西洋的教育体制，力主引入西方自然科学的某些成就。

颜李学说的广泛传播，与当时的三大思想家（顾炎武、黄宗羲、王夫之）一起彻底清算了理学，并把实学之潮推向了顶峰，对后世学术产生了积极的影响。

康熙四十三年(1704)六月二十日，清廷令全国统一斗斛。这是清官太和殿前嘉量。

109

曹寅奉旨刊书

　　康熙四十四年（1705）三月，康熙帝谕示江宁织造曹寅刊刻《全唐诗》，又命十余名闲居浙江的在籍翰林参与校订。《全唐诗》系彭定求等编，900 卷，作者 2200 多人，并附有作家小传，按时序排列，其中也有校注，考订字句异同和篇章互见情况。读书搜求详备，大致可窥见唐诗全貌。曹寅受命后，随即在扬州天宁寺开设诗局。他不仅董理刻事，随校随改，不敢怠慢，而且从厘定凡例，安排刻版，直到印刷、装潢，整个过程他都亲自过问。康熙帝认为该书刊刻颇佳，海内文人学士也称誉此书为"康版书"。曹寅又受命刊刻《佩文韵府》，该书为张玉书等奉敕编纂，康熙四十三年（1704）始编，五十年（1711）编成。此书以元代阴时夫《韵府群玉》和明凌稚隆《五车韵瑞》为基础增补而成。该书因是辗转抄来的材料，未加核对，故错误较多。曹寅除奉旨刻书之外，还捐资刻印了施闰章《学馀全集》、朱彝尊《曝书亭集》等。这在当时的知识分子中产生了一定的影响。

建于康熙四十二年 (1703) 的天津大伙巷清真寺，是由照壁、门厅、礼拜殿、讲堂、耳房、浴房等组成的传统建筑形式的清真寺。

建于清康熙四十四年 (1705) 的泸定桥位于四川泸定，桥长
100 米，宽 2.8 米，共用十三根铁索链，上铺木板构成桥面，
可通行人牲畜。是中国现存的古老铁索桥之一。

康熙帝第五次南巡

　　康熙四十四年（1705）二月九日，康熙帝从京师启程，开始第五次南巡。临行前，他晓谕工、吏、户、工等部：黄河治理工程虽然初步成功，仍然必须察验形势，筹划善后规章。康熙帝乘舟经过天津、静海、青县，于二十二日进入山东境内。在德州，他在船上多次召见历算学者梅文鼎，赞扬他是"佳士"。又经过临清、东昌、济宁，于三月六日进入江南境，十一日抵扬州府。他就河工善后方略指示张鹏翮，并命直隶、山东治河工程按照河南例，由省巡抚就近料理。十七日，康熙帝到达苏州府，十八日，召见河官，责备河标兵久疏操练，军容不振，与其这样浪费粮食钱物，不如裁减淘汰掉。又下令江苏巡抚宋荦主持刊刻《资治通鉴纲目》。二十七日，在松江府小教场行宫前检阅江宁八旗及绿旗官兵。四月三日，抵杭州，五日在演武场检阅八旗、绿旗官兵，七日，诏赦浙江福建两省死罪以下罪犯，减等发落。二十二日抵江宁，次日遣尚书徐潮祭明太祖陵，二十六日检阅江宁驻防官兵，诏赦安徽、江苏所属地方死罪以下罪犯，减等发落。次日，康熙帝赴明太祖陵行礼，然后离开江宁。二十八日在京口检阅水师。闰四月六日，康熙帝离开扬州，经宝应、淮安，于九日到达清口。次日到高家堰视察河堤。十三日，康熙帝乘舟渡黄河，登陆巡视九里冈。闰四月二十八日，康熙帝返回京师。

拉藏汗杀死第巴

　　康熙四十四年（1705），拉藏汗执杀第巴桑结嘉措。

　　拉藏汗，原名拉藏鲁贝，我国厄鲁特蒙古和硕特部重要首领。祖父达延汗、父亲达赖汗世居西藏执掌政权。康熙四十年，达赖汗去世后，拉藏鲁贝杀死其兄，夺得汗位。拉藏汗刚刚执政，便与第巴桑结嘉措发生了尖锐的冲突。拉藏汗怀疑第巴谋害了其父达赖汗，便利用拉萨举行祈祷大法会的机会，暗中派人杀死了第巴的近侍官员。第巴桑结嘉措得知此情况后，便集合部下逼迫拉藏汗离开拉萨。拉藏汗为了反击，便前往当雄集合八旗蒙古兵向拉萨进军。因色拉、哲蚌、甘丹三大寺上层喇嘛从中调停，桑结嘉措被迫退职，其子阿旺仁青见桑继任第巴。桑结嘉措为了东山再起，秘密买通了汗府内侍，企图在食物中投毒杀死拉藏汗，但事情为拉藏汗察觉。拉藏汗佯装返回青海，在黑河（那曲卡）集合蒙古军队，兵分三路，从果拉、盖莫昌、堆隆杀回拉萨。

桑结嘉措被捕杀。拉藏汗并废掉桑结嘉措所立的达赖六世仓央嘉措，另立意希嘉措为达赖，并报请清政府。清廷立即封拉藏汗为"翊法恭顺汗"，赐给金印，并命将达赖六世仓央嘉措（于途中病死）解送北京。

真假达赖相争

仓央嘉措为第巴桑结嘉措所立达赖六世。桑结嘉措被拉藏汗执杀以后，拉藏汗上奏清政府，请求朝廷废掉仓央嘉措，诏请批准由他另行寻认的意希嘉措为达赖喇嘛。清政府由于桑结嘉措过去曾帮助过噶尔丹势力的关系，也对他立的达赖喇嘛不感兴趣。清政府一方面派人赴藏封拉藏汗为"翊法恭顺汗"，一方面颁旨废掉仓央嘉措，并敕谕将仓央嘉措解送北京。康熙四十五年（1706），仓央嘉措在赴京途中死于青海。但是，拉藏汗所立的意希嘉措在青海、西藏僧俗人中，引起了普遍的不满，他们纷纷指责拉藏汗所立的达赖为"假达赖喇嘛"。康熙四十九年（1710），以察罕丹津为首的青海诸台吉在理塘寻认了新的达赖喇嘛转世灵童。他们最初将这个转世灵童安置在德格土司（今四川德格

第六代达喇嘛仓央嘉措像

113

县），后来又迎居西宁塔尔寺，请清政府予以册封。清政府考虑到蒙古各部的团结，派遣侍卫阿齐图前往宣谕，将新呼毕勒罕送往北京。因察罕丹津说新呼毕勒罕还没有出痘，清政府不得不同意令其暂居青海。此新呼毕勒罕即噶桑嘉措。由此出现了真假达赖喇嘛之争。因清政府已于康熙四十八年承认拉藏汗所立意布嘉措为真达赖喇嘛，所以，康熙五十四年（1715），清政府又派人往青海，指出理塘所出呼毕勒罕是假达赖。至此，真假达赖喇嘛之争遂告一段落。

礼仪之争引起康熙驱教

清朝康熙年间，罗马教廷发布禁令，禁止中国教徒参加"祭祖"、"祭礼"等中国传统礼仪，礼仪之争演化为清廷与罗马教廷的对立。康熙在全国范围内驱逐传教士，中国基督教受到严重打击。

自明末基督教东传以来，中国的传教活动一直由葡萄牙支持的耶稣会控制。耶稣会传教士对教义采取了一些修正性措施，主要是对中国传统性宗教的祭天、祭祖、祭孔礼仪持宽容态度，不干涉教徒在家或在官场参加这些仪式。17世纪中叶后，西班牙支持的多明我会、方济各会和法国支持的外方传教会相继进入中国。这些传教士为了争夺在中国的传

北京天主教堂南堂

教权，对耶稣会的这些宽容性措施提出了非难，从而挑起这场中国礼仪之争。

礼仪之争已明显带上了列强在中国争夺势力范围的性质。1645年教廷发布禁令，要求中国信徒遵守天主教戒律。经耶稣会申辩后矛盾暂时平息，但理论问题没有解决，在华教士仍争论不休。1693年法国外方传教会教士阎当代表主教发布禁止祭祖、祭孔的禁令，使得矛盾进一步激化。1700年，康熙应耶稣会闵明我、徐日升、张诚等人要求，上谕肯定耶稣会的做法，阐明祭祖、祭孔对中国人的重要性，但在法国的操纵下，罗马教廷再下禁令。康熙被激怒。康熙四十六年（1707），清政府明确实行禁止天主教政策。当即驱逐使者铎罗主教，并在传教士中实行"领票"制度，要求传教士遵从利玛窦与耶稣会的规矩，否则就要驱逐出国。1720年，罗马教廷第二次派特使嘉禄来京，再次重申不准中国天主教徒参加祭祖、祭孔的教皇禁令。康熙极为愤慨，批示"以后，不必西洋人在中国行教，禁止可也，免得多事"。这一次禁教非常严厉，无票传教士被统统驱逐出境，没收大批教会财产，有票传教士也不再受重视。利玛窦和耶稣会苦心经营几十年的传教事业遭受了严重挫折。

朱三太子案结

　　康熙四十七年(1708)六月二十日，朱三太子案结，有关人被处以不同刑罚。
　　先是张念一起事于浙东大岚山，被获后供出朱三太子等。没多久，山东巡抚赵世显派人拿获朱三太子并解往浙江。还是在同年二月十三日，闽浙总督梁鼐密折奏报"贼党窜聚"情况，谈到为首者为一介和尚，以朱三太子名起义，安营于大岚山。二月十五日，浙江巡抚王然疏报拿获大岚山张念一、张念二等，康熙帝谕示将张念一所供朱三太子及其子等速行追拿。四月十二日，山东巡抚赵世显咨报缉获改名王老先生的朱三太子。据供，此朱三太子年75岁，是明皇室后裔，名叫慈焕，排行第四。康熙帝谕示：朱三是明代宗室，解往浙江议处。六月二十日，清政府审结朱三太子案及大岚山案。将朱三及其子朱壬等解至京城，问明正法。浙江案犯内张念一、张念二等7人凌迟处死。十月五日，朱三即王士元父子6人解至京城。朱三供认他真是明崇祯帝第四子。九卿等认为明崇祯帝第四子已于崇祯十七年前死去，又传唤明代老太监均不认识，便证明系假冒，将朱三凌迟处死，其子5人俱处斩。

清金线地玉堂富贵挂毯

康熙第六次南巡

　　康熙四十六年（1707）正月二十二日，康熙帝从北京出发，进行第六次南巡。二十五日，从静海县杨柳青登舟。二月一日，康熙帝驻德州第六屯，对贵州巡抚陈洗密折奏报土司情形进行批示，强调以不生事为主。十五日，康熙帝抵达江南台庄地方，康熙帝登岸接见耆老，询问农事、生计。二十日，康熙帝在清口登陆，视察溜淮套，经过实际调查，否决了阿山等人所拟方案，命令疏浚洪泽湖口，以利泄水；挑浚蒋家坝、天然坝一带旧河，以通航船。康熙帝还责备原议溜淮套开河方案，坏民田庐，毁民坟冢。二十一日，命令将沿途所立开河标竿尽行撤去，百姓见后，均踊跃欢呼万岁。康熙帝晓谕马齐等人说：凡天下事行之有益，自应速办；无益，断不可轻举。二十二日，康熙帝对河道总督张鹏翮不随时巡视河堤，唯以虚文为事提出斥责。此后，与此有关官员均革职、降级。十七日，在苏州密封敕谕致工部尚书王鸿绪，询问有关官员骗买苏州女子事情。二十三日，至松江府，次日检阅松江提标官兵，表彰江苏按察使张伯行居官清廉，并提升福建巡抚。四月二日抵杭州，五日检阅驻防官兵。五月二十二日，康熙帝返回京师。

废立太子之争

康熙四十七年（1708）九月四日，康熙帝宣布废除太子允礽并诛其党羽。

康熙十四年（1675）十二月，初立刚满周岁的允礽为皇太子。康熙三十五、三十六年，康熙两次亲征噶尔丹，命皇太子居守。此时，不断有流言传到康熙帝耳中。返回京师后，康熙帝处置了允礽的近侍臣僚，大学士索额图也以助允礽潜谋帝位等罪幽禁而死。康熙四十七年九月四日，康熙帝巡视塞外返京途中，在布尔哈苏台地方，召集诸王、大臣，流泪宣布废除允礽太子位。康熙帝称允礽不孝不仁，不堪重用，专擅威权，肆恶虐众，暴戾淫乱。他还称允礽结成党羽，打探皇上起居动作，窥伺帝位。因而允礽被废除太子位，后幽禁于咸安宫。

皇太子允礽被废幽禁之后，康熙帝告诫道：皇子中如果有钻营，妄图谋取皇太子的，就是国贼，法当严惩！允禔奏称允禩（皇八子）好。康熙帝认为允禔想当太子，就下令将他锁拿。皇十四子允禵愿保允禩，康熙帝震怒，抽出佩刀要诛杀允禵，众皇子慌忙下跪劝阻。康熙帝命各位皇子一齐鞭挞允禵。后来，康熙帝又认为允禔想谋取皇太子位，遂革除他的王爵，幽禁在府内，康熙帝废黜皇太子后，无一日不流泪。后康熙帝召集满汉文武大臣到畅春园，命令他们举奏皇太子。阿灵阿、鄂伦岱、揆叙、王鸿绪等私相计议，和其他大臣暗通消息，写"八阿哥"三字在纸上，交内侍传递给皇上。内侍传旨称："尔等其各出所见，各书一纸，尾署姓名，奏呈联览，将裁定之。"没过多久，废太子允礽被解除幽禁，恢复允禩贝勒身份。康熙四十八年正月二十一日，康熙帝询问大臣：为什么去年让你们保奏皇太子人选，你们全都保荐允禩？是不是你们结成党派，共同辅佐允禩谋取皇太子位？那一天最先保举允禩的是谁？各位大臣大惊失色，相继回答：那一天我们是共同保奏允禩的。康熙帝极为愤怒，表示一定要找出谁是领头者。后来张玉书上奏说："是日，满汉诸臣奉旨齐集，马齐、温达到在臣先，臣问马齐、温达何故召集诸臣？

马齐云'众意欲举允禩。'后众人俱举允禩，臣等因亦同行保奏。"没多久，康熙以马齐暗中联络官员保举允禩为皇太子为由，下令将他交到允禩处严加拘禁。自从上年九月废皇太子允礽之后，诸皇子争谋皇太子位，众大臣结党依附，康熙帝愧愤郁疾。三月九日，允礽再次被立为皇太子，遣官告祭天地、太庙、社稷，授皇太子以册宝。

扫叶山房鼎盛

清代康熙年间，苏州扫叶山房雕版印书达到鼎盛时期。

扫叶山房是由江苏洞庭山席氏于明万历元年（1573）在苏州阊门内设立的一家从事雕印和出售古籍的书店。为了标明严肃认真刊刻书籍，取"校书如扫落叶"的寓意作店名。清初，扫叶山房从著名藏书家毛晋处购得大量书版，遂扩大经营规模，出书越来越多，成为闻名江南的大书店。该店利用毛氏《十七史》雕版，加入其它六史，汇刻印成《二十三史》，尤为著名。康熙皇帝南巡苏州时，扫叶山房主人呈献该书店雕刻印制的《全唐诗》，受到康熙皇帝的嘉奖，从此名声大振。太平天国时，扫叶山房《旧唐书》200卷的雕板为战火毁坏，损失惨重。19世纪中叶以后，书店改用西方传入的石印技术，用洁白的连史纸印刷出版了《册府元龟》、《太平御览》、《佩文韵府》、《宋元明清四朝学案》、《百子全书》、《梨洲遗书》等经史子集的大部头著作多种。80年代，扫叶山房先后在上海彩衣街和棋盘街设立分号，称南号和北号，在汉口设立汉号，在苏州设七店，称苏号。

朱彝尊去世

康熙四十八年（1709）十月十三日，著名作家、学者朱彝尊去世，终年80岁。朱彝尊，字锡鬯，号朱垞，晚号金风亭长，浙江嘉兴人。他生于没落世宦家庭，少年时比较穷困，对明朝怀有眷恋之情。曾经漫游广东、浙江、福建等地，结交抗清志士张家珍、魏耕、顾炎武等人。康熙十八年，他应博学鸿儒，授检讨，参与编纂明史。二十年入值南书房。他博学通才，工诗词，写诗 2000 多首，词 600 余首，诗与王士禛齐名，时称"南朱北王"，在清诗词界，是浙派诗和浙西词的领袖。他还辑成《明诗综》100 卷，收明代 3000 首 400 余家诗歌；又编纂《词综》，收唐宋金元词 500 余家。朱彝尊还致力于经史之学，著有《曝书亭集》80 卷，《经义考》300 卷，以及《竹垞文类》、《日下旧闻》等。其中《日下旧闻》是了解北京历史的重要文献，取材于 1600 多种古籍，共 42 卷。

朱彝尊（右）与毛奇龄像

褚人获创作小说

褚人获,清初著名的长篇小说家,最著名的长篇小说是《隋唐演义》。

褚人获,字稼轩,号石农,苏州府长洲(今江苏苏州市)人。他出身于书香门第,没科名,在家乡修建四雪草堂,过着恬淡、优雅、舒适的读书生活。文酒之外,不参与任何事务。褚人获交游虽不广泛,但他与文人毛宗岗、尤侗、洪升等人的接触,对其小说创作产生了极大影响。此外,读书广泛,各种书籍也成了他创作的源泉。他的《隋唐演义》全书情节,依据罗贯中《隋唐志传》、佚名《隋炀帝艳史》、乐史《太真外传》和其他一些正史、野史、传奇,并且吸收了评书创作、民间传说而写成。全书描述了隋朝末年群雄纷争以及李世民建国的过程中,秦琼、程咬金、单雄信等英雄人物的聚散,也描述了隋朝杨氏、唐朝李氏两家皇室的奢侈与腐败以及宫廷斗争的内幕。褚人获除写小说外,还有许多笔记,重要的有《坚瓠集》15集66卷。康熙四十九年(1710),褚人获去世。

樊守义考察欧洲

14世纪,天主教会也开始在中国物色能去意大利留学的人员。第一个奔赴欧洲的中国人是广东香山峈人郑玛诺,可惜没留下什么著作便去世了。留学意大利,对西欧进行过考察并留下了专著的是山西平阳人樊守义(1682~1753)。樊守义留学12年(1707~1720),归国后应各方的要求,写出了5000字的《身见录》,记述他在欧洲的所见所闻。这篇文章第一次以中国人的身份描述他在文艺复兴发祥地——意大利的观感。它对于中国人,具有开拓性的启迪意义。

樊守义于1707年奉命赴欧,1709年2月由葡萄牙抵达意大利热那亚的属地科西嘉岛,然后由热那亚前往罗马。他曾游历意大利的名城如罗马、热那亚、比萨、那不勒斯、佛罗伦萨、米兰、都灵等等。从东方的中国踏上天主教圣地，樊守义惊叹于意大利各种工艺、美术的富丽，千姿百态的意大利文化名城，一处一处非常生动地展现在他的笔下。他描述了罗马贵族家庭居室的豪华，车马鞍帏的富贵，说罗马是欧洲一座物货交汇、人文荟萃的庄丽都市；他参观过斗兽场和圣彼得大教堂，饱览了罗马会所遗址的各种威严殿宇；他着力描绘罗马街头的水泉和其近郊弗拉斯加迪、第伏里变幻无穷的喷泉所显示出的西方都会和庭园特色。他特别注意作为西方基督教世界文化中心的梵蒂冈教皇城，感兴趣于那收罗宏富、万国史籍汇聚一处的图书馆。他认为文艺复兴的发祥地佛罗伦萨庄丽和罗马相仿，宫殿、露台、堂殿、学宫、修道会院应有尽有，是欧洲文化、科学、艺术荟萃之所；而都灵的穷富居民所住房屋大致相同，因此他认为那里人们贫富悬殊不大。

樊守义游历意大利，亲身体会了文艺复兴以后意大利文化、教育和科学的成就。他以虔诚的宗教热忱、高尚的艺术鉴赏力、敏锐的文化意识赞扬了西欧文化的先进特点，在实地考察的基础上初次比较了中西文化的异同，对国民了解欧洲国情大有裨益。

孙从添著《藏书纪要》

清代不但盛行私人藏书，而且在藏书理论上也颇有建树，其中最珍贵的论著当推孙从添的《藏书纪要》。

孙从添是乾嘉时江苏的藏书家，他写的《藏书纪要》是一部关于藏书建设的理论专著。全书分购求、鉴别、抄录、校雠、装订、编目、收藏、曝书八部分，书中详细讲述了鉴别宋元明版书的具体技巧，以及利用宋椠元刻作为底本进行校勘的技术方法。在其中的编目一节里，孙氏提出了整理藏书的四套目录：（1）总目录，分经、史、子、集四部分；（2）宋元版本，抄本书目。要特别注明版刻年代及题跋者、收藏者等。此为善本目录；（3）分柜目录。书柜应先行编号，再附以柜内藏书目录，若有人借阅，即可在书目上记下借书人姓名及借还日期等。此为排架目录；（4）有关上架、装订之目录。记载正在装订、需装订与补配之书。这表明孙氏不是一个仅满足于坐拥书城，死读藏书的一般藏书家，而是一个真正的图书管理学家和目录学家。

　　《藏书纪要》是清中期唯一一部向世人介绍藏书技术的专著。他所提出的一整套藏书方法为历代藏书家所遵循，许多编纂珍本书目的术语也都出自本书，对统一藏书理论起到很大作用，同时，更有许多人依此书作为鉴别宋元版本的依据。总之，就藏书学理论而言，《藏书纪要》占有极其重要的学术地位。

人头骨镶金制作的嘎布拉饮怀

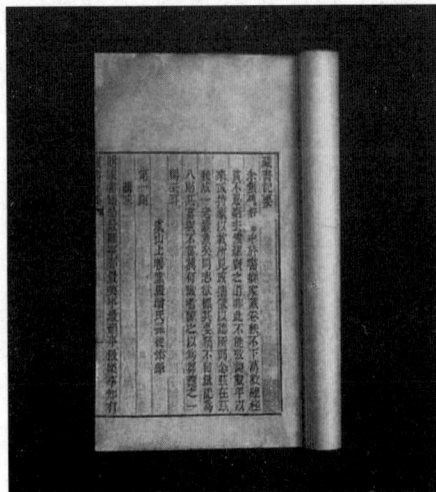

《藏书纪要》

清朝

1711A.D. 清康熙五十年

诗人王士禛死。《佩文韵府》编成。

1713A.D. 清康熙五十二年

正月，江南科场案结，考官及行贿人等斩、绞、流、责有差。二月，《南山集》案结，戴名世处死，戴、方二族皆发遣或入旗。

1714A.D. 清康熙五十三年

四月，查禁淫辞小说，毁书销版，违者徒流有差。

1715A.D. 清康熙五十四年

三月，策妄阿喇布坦攻哈密，甘肃兵先往救之，四月，另派大军赴援，策妄阿喇布坦旋败走。是岁，《聊斋志异》作者蒲松龄死。

1717A.D. 清康熙五十六年

六月，富宁安等分路袭策妄阿喇布坦。十一月，策妄阿喇布坦兵入拉萨，杀拉藏汗。

1718A.D. 清康熙五十七年

四月，河南兰阳白莲教案结。九月，遣兵进驻噶斯柴达木以防策妄阿喇布坦。十月，命皇十四子允禵为抚远大将军，驻西宁，节制各路军马。

1720A.D. 清康熙五十九年

二月，封达赖喇嘛呼必勒罕为宏法觉众第六世达赖喇嘛。八月，卫送达赖六世之前锋兵入拉萨，杀策妄阿喇布坦所委之总督喇嘛五人。

1714A.D.

俄罗斯大败瑞典军于汉基欧德（芬兰湾入口处）。

自此时起，意大利自西班牙之统治下转为奥地利所统治。

1715A.D.

法兰西路易十四卒，其5岁曾孙嗣位，称路易十五，以奥尔良公爵为摄政。

1716A.D.

哲学家、科学家、政客莱布尼兹去世。

1717A.D.

去年，苏格兰人约翰·拿设立通用银行于巴黎。今年，又创立密士失必公司（或名西方公司），计划开发美洲法属殖民地路易西安那。

1719A.D.

今年与明年，瑞典军队两次入俄，皆败北。

《鲁滨逊漂流记》著成。

邵廷采去世

康熙五十年（1711）五月，理学家邵廷采因病去世，终年64岁。

邵廷采，初名行中，更名廷采，字允斯，浙江余姚人。邵廷采出身书香门第，少年起就在姚江书院学习理学，师从当时的理学前辈、姚江书院的主持人沈国模，并广泛求学，从而使自己对理学的理解逐步深入。

邵廷采40余岁时，主持姚江书院讲席，颁示《姚江书院训约》10条，阐述理学要义，倡导立意宜诚、勘理宜精、伦纪宜敦、威仪宜摄、识量宜弘、取与宜严、学术宜端、读书宜进、举业宜醇、功课宜勤，重视务期实践。他宣扬种种故明臣庶忠节正直品质的事迹，论述治理国家的思想、理论、措施和制度等各方面问题。邵廷采融会班、马、韩、欧的史学和程、朱、陆、王的理学两方面的成就，自成一家。有人慨叹说，自邵廷采死后，不仅东南道学一传景响顿绝，就是想求300年遗案与胜国轶事讹舛隐讳，也无从征信。

邵廷采的主要著作有《思复堂集》10卷、《东南纪事》12卷、《西南纪事》12卷、《姚江书院志略》4卷等。

江南科场案发生·清朝采取防弊措施

康熙五十年（1711），江南乡试，正主考官左必蕃，副主考官赵晋。十一月九日发榜，因主考官徇私受贿作弊，士论大哗。江宁织造曹寅向康熙帝折奏说：今年文场秀才等甚是不平，中者甚是不公，显然有舞弊行为，因此扬州秀才扰攘成群，将左必蕃祠堂全部拆去。康熙帝颁旨命有司严察。康熙五十二年正月二十六日，九卿议覆：正考官副都御史左必蕃失察革职，副主考官赵晋处斩立决，呈荐吴泌试卷同考官句容县知县王曰俞改斩立决，呈荐程光奎试卷之山阳县知县方名改斩立决，入场前在贡院内埋藏文字、入场后抄写中试的程光奎照原拟绞监候，请人代笔中试的徐宗轼及夹带文字中试的席玕照原拟枷责。次年（1714）十月，清廷制定了学子入闱只穿折缝衣服、单层鞋袜，只准带篮筐、小凳、食物、笔砚进入试场等 8 条严格防弊措施，有效地防范了科场舞弊行为。

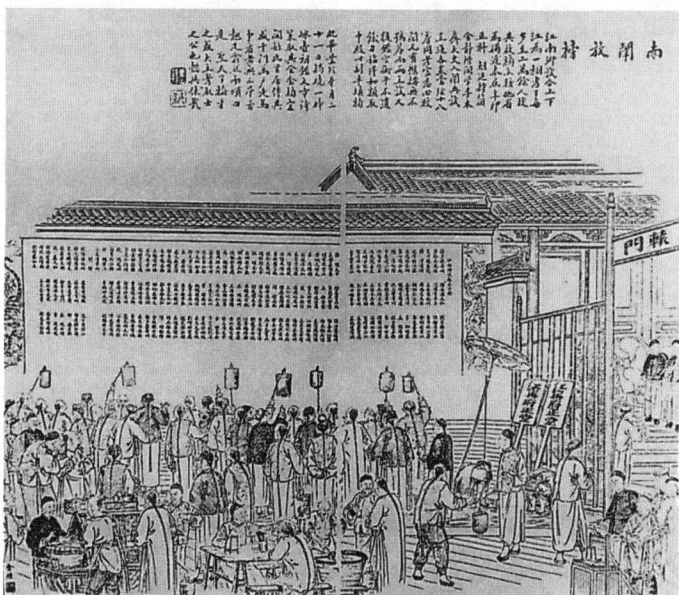

清代江南乡试放榜图

戴名世《南山集》引起大案

康熙五十年（1711）十月十二日，左都御史赵申乔参劾翰林院编修戴名世私刻文集，应予严治。康熙命令严加审查。次年正月二十二日，刑部开审戴名世《南山集》案。《南山集》是戴名世为诸生时所著，书中关于南明永历之朝事多采自其同乡方孝标所作《滇黔纪闻》。康熙二十二年，戴名世在"与余生书"一文中论写史时，就认为南明弘光政权在南京，隆武政权在闽越，永历政权在两粤和滇黔，地方数千里，首尾十七八年，史书对此应详加记载。康熙四十一年，《南山集偶钞》辑成时，方苞、朱书作序，龙云锷及戴名世的弟子方正玉捐资刊行。

康熙五十二年二月七日，刑部审察戴名世《南山案》后，戴名世被立即

125

处斩；方孝标被锉尸骸。与此有关的方登峰、方云旅等充发黑龙江，方苞、朱书等均入旗当奴，遭受牵连者达数百人。

赴俄使团出发

康熙五十一年（1712），迁往伏尔加河流域的我国厄鲁特蒙古土尔扈特部阿玉奇汗，派遣使臣到北京朝贡，乘此时机，康熙帝决定派遣使臣前往该部慰问。该年五月二十一日，图理琛使团一行由北京出发，经张家口，过喀尔喀蒙古牧地，进入俄国境内的楚库伯兴（今色楞格斯克）。在那里，因等待俄国沙皇准行的谕令，耽搁了5个多月。次年正月，他们继续前进，并渡过了柏海尔湖，穿过了西毕尔斯种（即西伯利亚），终于在康熙五十三年六月一日，到达阿玉奇的驻地玛努托海（今马纳特），受到热烈欢迎。图理琛使团在玛努托海停留14天，六月十四日启程回国，于康熙五十四年三月回到北京。图理琛使团是清政府派往欧洲的第一个使团。图理琛回国后编有《异域录》一书，叙述了俄国与土尔扈特的风土人情及使团与俄国、阿玉奇等人往来的情况。

清政府实行"永不加赋"政策

康熙五十一年（1712）二月二十九日，康熙皇帝诏命实行"滋生人丁永不加赋"政策。康熙认为人丁虽增，地亩并未加广，若加征钱粮实有不可。故命令各省督抚，将现有钱粮册为所记录的人丁数，作为永久的定额，不增不减。以后增加的人丁，也不必再征收钱粮。

该政策实行了10年，至康熙六十一年废止。它对于减轻百姓负担、与民休息有一定积极作用，并为以后清政府实行摊丁入亩政策奠定了基础。

王士禛标榜神韵

清代诗人王士禛论诗以标榜神韵著称。王士禛（1634 ~ 1711），字贻上，号阮亭，又号渔洋山人，山东新城（今恒台县）人。顺治时进士官至刑部尚书，在扬州为官期间，昼了公事夜接词人，享名一时，成为文坛领袖。

王士禛是清初新起诗人，论诗多以"神韵"为宗，以"不着一字，尽得风流"为最高境界，他平生论诗虽屡变，但倡导"神韵"之说始终没有变。他要求诗歌笔调清幽淡雅、富有情趣、风韵与含蓄性。早年曾选辑唐诗定名为《神韵集》，作为家塾读本。之后，多次强调诗以"神韵"为妙，如晚年编选《唐贤三昧集》，以"隽永超诣者"入选。最能代表"神韵"诗歌风格的是五、七言近体诗，代表作有《青山》、《碧云寺》、《秦淮杂诗》、《大风渡江》、《雨中度故关》、《夹江道中》、《高邮雨泊》、《江山》等，多描写山水风光和抒发个人情怀，正是其创作理论的具体实践。其诗风和诗论，纠正了清初一时所崇尚的以议论为诗、质木无文，生搬硬套模仿前人的偏向。

康熙五十年（1711）五月十一日，王士禛去世，享年78岁。

王士禛画像

康熙帝主持编纂《数理精蕴》

康熙五十二年（1713），康熙皇帝主持编纂大型丛书《律历渊源》，《数理精蕴》是其中一部分（另外两个部分是《律吕正义》和《历象考成》）。《数理精蕴》以法国传教士张诚、白晋等人讲授的西方数学知识所编就的《几何原本附算法原本》为基础，吸收了一部分中国数学家的成果写成。全书共53卷，其中上编5卷，下编40卷，附数学用表8卷。汇集了自1690年之后输入中国的西方数学知识。上编《几何原本》卷，第一次比较全面地介绍了立体几何的知识。该书还第一次介绍了面部的求圆内接正十四边形、正十八边形及正七边形、正九边形边长及由本弧通弦求其三分之一弧通弦等内容；发现了宋元以来失传的体部的开带纵和数立方，即一类三次方程正根求法；第一次详细介绍了对数比例。

清藏式镀金铜佛龛

雍正元年（1723），《数理精蕴》刻成，深刻地影响了十八至十九世纪的中国数学，尤其为对数、幂级数展开式和方程论等方面的研究奠定了基础。

清初实行摊丁入地

康熙年间，人口增长快于耕地增长，因为流动频繁，使户丁编审十分困难。康熙五十一年(1712)，清政府宣布以康熙五十年的人口（直省人丁24601334口）为准，固定丁银为3350000多万两，以后增加人丁不再加派丁银。为推行摊丁入地创造了条件。康熙五十五年（1716），广东省首先试行丁银摊入地亩征收税钱，开始了税收的新尝试。各省摊丁入地的时间相差很大，至雍正年间开始大规模推广。山西到光绪初年才最后完成。各省将丁银摊入地亩的分配办法也很不一致，有的将通省丁银摊入通省地粮，有的按各州县分别计摊。在计算方法上，有的按亩均摊，有的按田赋银数计摊，有的则按赋粮石数计摊。此外，向工匠、屯户和灶户征收的匠班银、屯丁银和灶丁银也先后摊入地粮。

摊丁入地是明代一条鞭法的继续和发展，也是中国古代赋役史上的一次重大改革。它将丁银并入田赋征收，实现了地丁合一，丁银成了田赋的一项附加数额，从而改变了过去地丁并行的税制，完成了古代赋役史上赋役合并即人头税归并于财产税的过程，使"地丁合一"成为封建赋税制度的最后形态。无地或少地的农民和工商业者不再负担丁银，基本上不再服徭役，使封建国家对劳动者的人身束缚相对削弱了，这是清代生产关系的重大变化。

清代幕制开始兴盛

清代，在官场和士人中兴起了招幕入幕之风，大量士人入幕作官员的幕僚。

幕风的兴盛可能出自以下因素：其一，满族官员一开始不熟习汉人的习俗民情，加之军政事务繁杂，需要延请有才能的文士入幕帮忙。其二，有些官员是靠八股取士的科举道路而成官的，这些人往往迂腐不堪，不擅长理政、理财和治狱，因此，他们需要聘用有实际才能的幕僚。其三，清代作官有"回避"

规定，即文官不能在本省当官，因此，地方官员要了解本地情况，就只好从本地罗致幕僚。其四，清代候补官员多而滥，例如江苏省有道府州县不过数十，而等候补缺的人（多为捐纳获此资格）有千人之多，非数十年不能补缺一实职，很多人在获得实职之前，为生计所迫或其它原因，只好先为幕宾。其五，幕僚虽无名誉，但有实权，能成理想事业，而且极受幕主尊重。志有不合，随时告辞，束缚小，进退自由。或许出于以上原因，清代幕僚之多、幕风之盛是空前的。由于幕风之盛和幕宾需求之多，出现了一批以幕宾为职业的专职幕僚，有的人以此终其一生。后期，如何作好幕宾已成为一种专门学问，出现了专门的幕学著作，如万维翰的《幕学举要》、张廷骧的《入幕须知》等。名幕汪辉祖说，"余二十二三岁，即习幕学"。

有清一代幕僚的人数之多、作用之大，都是历史上前所未有的。幕僚不是国家正式官员，没有品级，是由官员们自己招聘并发给薪金。幕僚与官员关系是宾主关系，而不是上下级关系，合则留，不合则去，来去自由。幕主通常以礼相待幕僚，相当尊重他们。幕僚职掌主要是代幕主批阅文件，起草信札奏章，处理刑狱和田粮等事务，代阅除会试、乡试之外的考卷，另外还主持治河、外交、学政、编书等事务。

上自督抚、提镇，下至府州县，都各自聘请幕僚办事。《清稗类钞·幕僚类》甚至记载雍正皇帝也暗中聘请会稽名幕徐某为幕宾，请他帮助办理各省重案。幕宾大多是读书的士人或辞职的官员。有的人在入仕之前，为人幕僚，以求历练；有的人入仕之后（包括进士），因不得志而甘愿去做幕僚。所以，在清代，参加科考、当幕僚和当官这三者交替进行，是普遍现象。康熙时的水利专家陈潢、雍正时河东总督田文镜幕下的邬先生、乾隆时的顾礼琥和汪辉祖等都是全国皆知的名幕。

康熙推广新稻种

水稻是我国主要粮食作物之一，又是高产作物，因此，康熙皇帝特别注重水稻栽培。他在宫内丰泽园种有实验田，以玉田谷种播水田数区，每年九月成熟收割。一年六月下旬，水稻刚出穗，他去观察情况，突然发现一棵水稻比其他棵都高，而且籽粒饱满，便将其收藏起来作种子。第二年试种，果然又在六月成熟。经过几年的辛勤实验，康熙帝终于培养出了水稻新品种"御稻米"。这种稻米包微红而粒长，气香而味腴，生长期短，适于北方、南方，可以一年两熟。康熙五十三年（1714），康熙帝决定向大江南北推广新稻种。他把一石御稻种发给苏州织造李煦，命其推广，并试种双季连作。

新稻种在南方深受欢迎，几年以后，就传播到江苏、浙江、安徽、两淮及江西等地。康熙帝不仅在南方推广新稻种，而且也支持在北方通过实验逐步推广。结果，直隶、天津、承德推广种植新稻种都获得成功。

记载康熙种稻的《钦定授时通考》

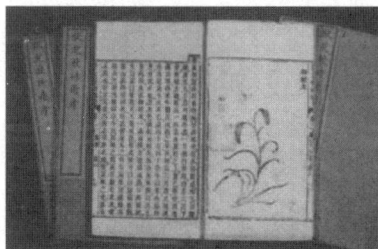
《钦定授时通考》中记载谷种的一页

康熙种稻的丰泽园大门口

广州海关与英国东印度公司约定八款

康熙五十四年（1715），英国东印度公司为开展对华贸易，与中国广州海关订立了 8 款协定，主要内容有：允许东印度公司在广州自由贸易，许其雇佣中国人，许其购买食物及其他必需品，悬英国旗的舢板过关不予检查，海员衣袋不受搜查，等等。

英国东印度公司成立于 1600 年（明朝万历二十八年），是得到英国女王伊丽莎白特许，专同东方进行生丝、棉织品和宝石贸易的公司。东印度公司一开始就是欧洲资产阶级进行资本主义原始积累的强有力工具，受到本国政府的广泛支持。他们有权在东方维持自己的海陆军，有权宣战媾和，同时也拥有大量资本，大批武装力量、整批船艘，具有运货和作战的功能。其活动范围，并不局限于印度半岛，实际上包括整个亚洲。康熙年间，由于中国强大，英国东印度公司还不可能对中国进行殖民侵略，但是，它与中国广州海关约定了 8 款条约，其对中国殖民侵略的苗头已开始暴露。

俄国传道团进入北京

基督教于 1054 年分裂为东西教会，内分三大派系，东正教是其中之一，主要流行于希腊、俄国、东欧、中亚及西亚的部分地区。东正教于 1665 年传入中国，康熙十年（1671）在黑龙江北岸的雅克萨城建立了"耶稣复活"教堂和"仁慈救世主"修道院。1685 年，清军攻克雅克萨城，捣毁了东正教堂，俘获了一些俄国士兵，他们归降后被编入北京的镶黄旗俄罗斯佐领，并被允许其信奉原来的东正教，在东直门内建立教堂一所，俗称"罗刹庙"，后被称为俄罗斯"北馆"。1700 年，俄国东正教开始向西伯利亚和中国派遣传教士。

根据俄国商队专员的建议，清政府批准，康熙五十四年（1715）三月，沙皇政府派遣以图理琛为首的9名所谓"行教番僧"到达北京，成为沙皇第一个"北京传教团"，驻在"北馆"圣尼古拉教堂，正式开班传道，尼古拉教堂于是成为俄国在中国唯一的联络机构。雍正五年（1727），中俄签订《恰克图条约》，其中第五款规定准许俄国人在京建教堂，并可定期派传教士替换前届教士。北京的俄国传道团因此由临时性机构变成常设性机构。按此规定，1732年俄国人在东江米巷（今东交民巷）俄罗斯馆旁建立新的教堂，称为"南馆"。从此北京有了两个东正教堂。据不完全统计，从1715至1850年，俄国前后共派12届、150多名教士到北京传教。

传道团每年向沙皇政府领取津贴，并受俄国外交部管辖，构成俄国萨纳特（枢密院）和清朝理藩院之间官方接触的正式渠道。俄国传道团通过派员进入清廷设立的俄罗斯馆学习中国语文，了解历史、地理、资源、商务、经济、社会风习，收集情报、汇编资料，为俄国政府培养了一大批"中国通"的外交人员和造诣颇深的汉学家，开拓了俄国的汉学研究。

随着时间的推移，沙俄对中国的侵略野心不断膨胀，1818年俄国政府训令北京传教团要将主要任务从宗教活动转到刺探情报上，因而俄国传教士在宗教活动的幌子下，干起间谍勾当，充当了沙俄侵略中国的先遣队。

《达生篇》、《大生要旨》指导妇科

清代妇科以一家一派著称，一家是医学家傅山（1607～1648），一派则是浙江的竹林寺派。傅氏所著《女科》论述严谨，方药实用，表现了在妇产科方面的深厚功底。该书刊行之后，百年间竟刻印70多次，为近代妇产科学家所推崇。竹林寺派的著作中所列方剂大多平妥实用有效，在近代妇产科学的普及传播方面具有较大的影响。

18世纪又出现了两部影响大、流传广的产科专著，以实用性强而成为清代妇科必备之书。

康熙五十四年（1715）的《达生篇》1卷，作者署名亟斋居士，书中分述了原生、临产、试痛、小产、产后、胎死腹中、胞衣不下、乳少等问题，并有保胎、饮食的专章。这本书大体是针对产妇难产而作，所论述的内容和指

导原则，对于减少产妇产前的恐惧心理及按正常产序进行分娩具有实际指导意义。尤其是对临产时处理原则的论述，明确而实用，且符合现代产科学原理。对于产妇，它重申六字产诀的重要性，即"一曰睡，二曰忍痛，三曰慢临盆"；对于助产者，则告诫必须善于区别"试痛"与"正产"的腹痛，才可避免过早地让产妇增加腹压，以减少因产妇疲倦所致的娩出无力。该书刊行后 100 多年间，全国各地竞相翻刻多达 100 多次。

由上海人方淮所作的《大生要旨》5 卷，成书于乾隆二十七年（1762）。作者自己精于医道，又参阅过《达生篇》、《绣阁保生书》、《医方考》等书，汇集这些书中有关种子、胎前、临产各种常见症状的处理和治疗保护方法，又增加了保婴之术而成此书。它再次强调"六字诀"的重要性，并指出孕妇在妊娠期不仅要心情舒畅，还应劳逸结合，还指出不孕症不能单从女方着手，而应从男女双方寻求病因，都是精辟之见。另外，还相应地论述了早期破水、交骨不开、临盆晕绝、胞衣不下、子宫脱垂、乳少、乳痛等产褥中的常见病，并附有

清百子盆

《居家必用方》、《续验方》等常用方百余首。因为内容简明实用，该书被誉为"家庭方书"。

准噶尔军进扰拉萨

康熙五十五年（1716）十一月，厄鲁特蒙古准噶尔部首领策妄阿拉布坦

借口为第巴桑结嘉措报仇，派遣大将大策凌敦多布率军六千，进扰西藏。次年（1717）七月，准军进入藏北纳克产地区，然后经腾格里海直驱达木。拉藏汗仓促迎敌。两军在达木一带多次交战，由于藏军战斗力低下，叛卖活动时有发生，无法抵御准噶尔军的攻势，拉藏汗被迫撤入拉萨。此后，拉藏汗一面深沟高垒，严密设防，一面向清政府驰书请援。而大策凌敦多包围拉萨后，经过短暂准备，便发起全面进攻。十月二十九日，在城内间谍的策应下，大策凌敦多布率领准噶尔军攻占了拉萨，并下令抢劫3天，拉萨城于是经历了一场空前的浩劫。布达拉宫遭到严重破坏，甚至五世达赖的寝室、灵塔也遭到亵渎，拉萨城一片凄凉。

十一月一日，拉藏汗被杀，拉藏汗所立六世达赖意希嘉措被废，蒙古和砍特部顾实汗及其后裔在西藏的统治结束。

重申海禁

康熙五十五年（1716）十月，在两次对大臣的谈话中，康熙帝明确提出了禁海问题，阐明了禁海的理由和原则。次年正月，清政府议定了禁海条例，其主要内容有：中国商船同东洋贸易照旧，同南洋吕宋、噶喇吧贸易禁止；外国商船前来贸易照旧，地方官员要严加防范；禁止向国外卖船、运米出境和人员留在国外。为更好地实行规定，康熙帝还提出了一系列禁海措施，主要是：对商船、渔船及有关人员加强管理；在海坛（今福建平潭岛）、南澳（今

催生娘娘，是传说中主司生育的神

135

福建南澳岛）设官阻截私往南洋船只，在东南沿海要冲设立炮台，增加驻军，充实水师，巡查严拿违禁者；对沿海各省之间往来商船、渔船实行盘验与护送；选用得力人员充任沿海各省督抚。禁海政策的实行，暂时防止了海寇的泛滥，但妨碍了我国沿海地方经济的发展。

清政府用兵西藏

　　康熙五十七年（1718）初，康熙帝收到了拉藏汗的奏疏，报告了准噶尔进扰西藏的情况，请求朝廷发兵援助。三月，侍卫色愣和西安将军额伦特命各自率兵数千人，从青海出发进兵西藏。五六月间，色愣和额伦特先后渡过木鲁乌苏河（即金沙江上游之通天河），分道前进。色愣拒绝额伦特诱敌之计，决定迅速进军，结果轻敌冒进，孤军深入。而准军自清兵入藏之日，即佯败以诱敌深入，并以精兵埋伏在喀喇乌苏严阵以待。闰八月，准军与清军在喀喇河口相对峙，准军分兵潜往清军背后，堵截清军饷道。清军突围不成，相持一个多月，最后终因弹尽粮绝而全军覆没。

　　同年十月，允禵被任命为抚远大将军，率领大军援藏驻扎西宁。康熙五十九年（1720）正月五日，康熙帝决定安藏大兵再次入藏。清政府吸取了第一次用兵失败的教训，对第二次用兵西藏进行了周密的部署。为使军事行动顺利进行，清政府还顺应当时大多数蒙藏僧俗民众的意愿，在二月十六日，正式册封塔尔寺的格桑嘉措为"弘法觉众第六世达赖喇嘛"（因意希嘉措先为六世达赖，后格桑嘉措改为七世达赖），由平逆将军延信率领满汉官兵及青海之兵护送往藏坐床。

　　四月，定西将军噶尔弼率领南路军从四川出发，六月攻克察木多，八月初进抵拉里，准军闻风溃逃，清军则分三路渡过噶尔招母伦河，并乘大策凌敦多布迎战清朝中路军、拉萨空虚之机，于八月二十三日一举攻占拉萨。与此同时，中路军在延信率领下，从西宁出发，在薄克河、齐嫩果尔和楚玛拉等地大败准军。大策凌敦多布兵败，不敢退回拉萨，只率500残兵逃往伊犁。延信护送达赖喇嘛到达拉萨后，于九月十五日举行了隆重的坐床典礼。至此，清政府第二次用兵西藏取得了彻底胜利，这次用兵驱逐了准噶尔割据势力，

康熙盛世时期

进一步加强了西藏的管理，对维护祖国统一意义重大。

康熙六十年（1721）二月，清廷决定在西藏驻兵3000，加强防务。同时，废除在西藏地方政权中总揽大权的第巴职位，设立噶伦，管理西藏地方事务。

画圣王翚去世

康熙五十六年（1717）十月，著名画家、山水大师王翚因病去世，亨年86岁。王翚，字石谷，号耕烟散人，苏州府常熟（今属江苏）人。他出身书画世家，长成后师从当时画坛领袖王时敏学画，跟随他游览大江南北，尽得饱览收藏家秘本，技艺大长，终于成为一代著名画家。王翚主张以元人笔墨，运宋人丘壑，而泽以唐人气颜。他熔中国绘画史上南北二宗于一炉，被人誉为画圣，成为虞山派开山，并与王时敏、王鉴、王原祁合称"四王"。他仿王维的雪景、李成的寒林、董源的松风涧水、巨然的秋山萧寺，赵孟𫖯的鹊华秋色等，都很逼真，且有自我独创之意。王翚也注意写生，他描摹家乡虞乡十二胜景，用古人笔法，写眼前丘壑，各种景色尽在图中。王翚作品风格清丽，见于著录的有400件，代表作有《南巡图》、《北征图》、《扈从北征图》，而以《南巡图》最为有名。该图12卷，绢本役色。是由王翚口讲指授海内众多能手，先后绘制而后总其成的。这一历史画卷描绘了康熙帝从宫中出发，至绍兴大禹庙以及回銮的景

《临关仝山水图》。王翚绘。

137

象，歌颂康熙帝南巡。而《清晖赠言》与《清晖阁赠贻尺牍》两书，则记录了他和画界交往的重要情况。

《抚远大将军西征图》

毛奇龄批宋儒

在清王朝文化专制政策的高压之下，汉学开始兴起，顾祖禹、万斯同、姚际恒、毛奇龄等堪称这一学派的创始人和先驱，他们继承了清初早期启蒙思想家学术上的求实精神，在保存批评理学的传统的同时，回避政治，脱离现实，失去了关心时事的经世精神，毛奇龄正是其中的杰出代表。

毛奇龄（1623～1716），又名甡，字大可，号秋晴，一曰初晴，学者称其为西河先生，浙江萧山县人。明亡时，他在学宫痛哭了3日后，在城南山修建了一所土屋，读书其中。顺治三年（1646），参加抗清义军，后为躲避仇人，在江淮流浪长达30多年。康熙十八年（1679）参加博学鸿词科试，名列二等，授翰林院检讨，任《明史》纂修官。7年后，因病辞官，回到故乡，后又移居杭州，潜心治学，著作达50种之多。他还精通音韵、音律，有多种有关著作传世。其门人蒋枢所编《西河全集》共234卷，后人称他是当时著作最宏富的学者。

毛奇龄继承了他之前的实学之风，在研治经学时，讲求"通经致用"，多从重事功用出发，批判宋学的虚浮空疏，认为宋儒背离了儒学的宗旨，批判宋儒"有知无行"，把矛头指向那些重视修身养性而轻视实用的宋明理学，驳斥宋儒将理欲对立的思想。还批评其疑经、删经、改经的做法，反对他们"以空言说经"和以自己的意愿解释经书，提倡注经要有真凭实据。

此外，他对朱熹的抨击尤为激烈，在《四书改错》一书中，他批评朱熹《四书集注》的错误，并将其归纳为 32 类，认为这部书没有不错的地方。

毛奇龄对宋儒的批判猛烈而大胆，虽难免粗陋和错误，但其在经学史上的贡献和地位却是不可动摇的。梁启超在《中国近三百年学术史》中称他为"反宋学的健将"，说他是明代以来强调汉学、使人不敢空言说经的第一人。这一评价是合理的。

梅文鼎融通中西数学

清初，随着西方科学知识的传入及统治者对自然科学的重视，中国知识分子形成了一股学习西学的潮流，出现了一位融通中西数学的伟大数学家——梅文鼎。

梅氏的数学研究范围广，其中"融通中西"是他数学工作的一个重要方面。他积极主张"汇通中西"，将两个不同传统的数学体系融合在一起，以便顺利地吸收西方数学成果，并为此做了大量的工作。首先，他努力整理西方数学，并对其做出明确的阐发，把平面几何学、球面三角学、平面三角学、立体几何、笔算、纳贝尔筹算、比例规等分别按照逻辑重新编排，改正错误，补充证明，使零散传入的数学知识系统化。其次，他对传统的方程论、开方术、内插法等做了不少整理和

万寿字瓷瓶。康熙年炼制，瓶体上用青花釉写满一万个不同形体的篆体"寿"字。寓"万春无疆"之意。

探讨，并在此基础上，把纳贝尔筹和笔算都改成中国式，又试图用勾股理论来汇通西方初等几何等。最后，在整理、阐发中西数学成果的同时，梅氏将获取的大量成果撰写成大批论著，共计100余种，在正多面体和半正多面体、勾股互求、勾股圆相容、三角理论、理分中末线、几何作图、算术运算律等，特别是在球面三角学和画法几何方面有不少创见。如利用立体几何模型和投影原理把球面三角形问题化为平面几何问题加以研究和解决，取得了出人意料的成果。他的论著图文并茂，论述精辟，语言流畅，研究起来十分方便。

《皇舆全图》开中国近代地图先河

　　《皇舆全图》，清康熙时绘制的中国地图。又称《皇舆全览图》、《清内府一统舆地秘图》。康熙四十七年至五十八年（1708～1719）编制。该图是采用近代科学方法绘制的第一张中国全图，因此极具开创意义。

　　西方的测绘地图技术在明末由传教士利玛窦等传入中国，清入关后很受重视。清初，传教士汤若望、南怀仁相继任职钦天监，其教友则游历中国各地，并且测绘地图，清圣祖玄烨受其影响，决定测绘全国地图。由于当时的清朝缺乏专项人才，因此此项工作主要由西方传教士担任。康熙四十七年至五十四年，他们采用当时世界先进的经纬度测绘法，在中国大部分地区进行实地测绘。后由法国传教士白晋等统一审校、缀合，于五十八年完成。

皇舆全览图

　　《皇舆全图》计全图一张，离合共32帧。另外还有分省图，每省各一帧。全图之比例尺约为140万分之一，长宽各数丈。凡山川、府州县城及镇、堡等，都有所载。内地各有注记用汉文，边疆地名则用满文。该图开中国实测经纬度地图之先河，是当时最详细的地图，也是研究中国清朝康熙以来历史地理变化的重要资料。其测绘方法虽不甚精密，西藏部分也有错误，但直至清末，其仍为绘制新地图的依据，在中国地图发展史上有着重要地位。

《皇舆全图》铜版由于在巴黎制造，因此该图流传到了国外。在国内，因图定为内府秘籍，故外间很少流传。直至1921年，该图才于沈阳故宫博物院发现，题名《清内府一统舆地秘图》，后由该院石印出版。

乾隆时曾以康熙《皇舆全图》为基础，于乾隆二十四年（1759）完成改订西藏部分错误和新疆测量工作，编绘《乾隆十三排地图》，全图共104帧。1925年北京故宫博物院发现铜版104方，1931年审定为乾隆时《皇舆全图》，并由该院重印，题名《清乾隆内府舆图》。

李光地去世

康熙五十七年（1718）五月二十八日，康熙朝理学名臣李光地病逝，终年77岁。

李光地，字晋卿，号榕村，福建安溪人。康熙朝初年，他考中进士后，被选为翰林院庶吉士，后授编修。曾为平定三藩之乱特上蜡丸密疏，被康熙帝称为忠臣。他还力荐内大臣施琅为取台主帅，后来施果不负众望，统一了台湾。李光地任会试考官时，与其他考官一起革除弊政；奉命视察河情，便绘图呈进，提出治理办法；康熙帝重视人才，他便推荐陆陇其等人。他在任直隶巡抚期间，以安民为要，兴修水利，亲督官吏，扑灭蝗灾，对于各地灾民，贷以牛种，请免赋税，政绩突出，受到康熙帝嘉奖。李光地还曾任职通政使司通政使、兵部右侍郎、吏部尚书等。

康熙帝为巩固清初的统治，亲自提倡程朱理学，李光地深明其意，并极力拥护，自命宗法程朱，他奉诏编撰的《御纂朱子全书》、《周易折中》、《性理精义》则成为清代官方书籍。李光地还被推为康熙朝"主持正学"的中坚。康熙常召其进入便殿，相互探讨程朱理学。李光地死后，康熙帝曾伤感地说：大臣中了解朕心思的没有人能比得上李光地。

141

《骈字类编》开始编撰

康熙五十八年（1719），康熙帝命儒臣开始编撰《骈字类编》。

《骈字类编》是一部汇编词藻典故的词典，它专门采录经史子集等诸书中的骈字（即两个字的合成词），总计收1604个单字，所收内容多为《佩文韵府》所缺，因而可与《佩文韵府》等书相辅为用。全书共240卷，分天地、时令、山水、居处、珍宝、数目、方隅、彩色、器物、草木、鸟兽、虫鱼共12门，又补遗1门，称为人事。所收的词，都按类编次。天地门收日、月、风、云、雨等词；时令门收春、夏、秋、冬、寒、暑等词；山水门收山、嶂、江、海等词；居处门收宫、殿、楼、台等词；珍宝门收金、玉、银、铁等词；数目门收百、千、十等数目词；方隅门收东、南、西、北等方位词；彩色门收青、黄、赤等色彩词；器物门收冠、弁、针、车等词；草木门收谷、米、蔬、菜、茶、药等词；鸟兽门收鸟兽名称等词；虫鱼门收龙、虬、蛟等词及一般虫鱼名称；人事门收福、寿、喜、庆等词。

边疆地理学兴起

清代，兴起了对边疆地理学研究的热潮。值得注意的是西北地理著作，康熙年间有《西陲今略》。先以抄本形式流传，后改为《秦边经略》问世，《四库全书·总目》作4卷，据考证为清代初期梁份所作。梁份（1641～1729），江西南丰人，是研究陕西、甘肃等西北一带的边疆地理学者。为了著述，他亲自考察，足迹遍及榆林、河套、凉州、甘州、肃州、西宁、河州，特别是一些险僻偏远的地方。梁份的重考察、重实践的论点，直到今天仍然是地理工作的重要方法。另一位学识渊博的历史学家和地理学家徐松（1781～1848），也先后撰写了《新疆识略》、《西域水道经》等著作。徐松随身携带开方小册和指南针，亲自考察新疆山岭水道及各种地理情况，并虚心向驿卒、仆夫、台弁、通事等询问请教，掌握了大量第一手资料，故而能论今援古、旁征博引，内容精审翔实，使他的著作成为西北河流地理的空前杰作。道光八年（1828），以研究西北史地著称的学者沈垚（1798 ~ 1840），著《新疆私议》。没有多久，对西北地理更有深入研究的清代著名思想家、历史学家、地理学家龚自珍，有预见性地提出《西域置行省议》，从历史、地理、政治、经济、行政建置等各个方面论证了新疆建省的可行性和必要性，提出具体的行政区划方案。

　　《台海使槎录》是我国第一部详细介绍台湾地理情况及风土人情的著作。作者黄叔璥（1666 ~ 1742），顺天府（今北京市）大兴县人。康熙六十年（1721），奉使巡视台湾，后来参阅、整理过去的典籍，根据亲身的观察，撰成此书。该书共8卷，记述了台湾的地理位置、山川形势、港湾特点、气候土壤、农业作物以及风土民俗等。该书内容翔实，真切反映了18世纪初台湾、澎湖一带的自然和人文地理景观，还论及台湾的战略地位。

　　还有一些边疆地理著作是关于中国沿海及海外的。康乾时代陈伦炯著有《海国见闻录》一书，共上下两卷，内容包括中国沿海形势以及东洋记、东南洋记、南洋记、小西洋记（指今天的印度洋）、大

台湾古地图

西洋记、昆仑记、南澳气记等和四海总图、沿海全图、台湾图、台湾后山图、澎湖图、琼州图等，还介绍日本、暹罗（今泰国）、阿拉伯国家、西班牙等国情况。

　　总之，清代的边疆地理研究产生大量的高质量、高水平的著作，开阔了中国人的地理视野，对加强军政建设，开发水利，实行屯田，发展边疆经济，维护国家统一和领土完整，加强民族团结和经济文化的联系，起了重要作用。

中国风盛吹欧洲

中国对于欧洲人来说，一直是一个神秘的国度。但到了清初，随着欧洲传教士来华并受重视，康熙帝对西方科技文化大为赞赏，要求和西欧保持长久和深远的联系，中国和欧洲的联系才逐渐紧密起来，中国的瓷茶对西方文化产生了极大影响，从而使 18 世纪的欧洲盛吹中国风。

18 世纪欧洲的中国风潮，确切地说是由食用中国茶叶开始的，发展到追求华瓷和效法中国图样的丝绸、中国风尚的庭园建筑和室内陈设，乃至出门乘轿成风，从生活到艺术，自工艺到技术，直至思想领域，都浸透着欧洲人对中国文化的渴求和期望。

首先是茶叶成为欧洲都会的一大饮料，茶文化随着饮茶的风气逐渐进入欧洲。茶文化西渡，又为花色年年翻新、式样层出不穷的瓷器外销打开了销路，在欧洲卷起了一股追求华瓷的热浪，这股热浪在艺术上酝酿成讲求自然生动、变幻飘逸的罗科科风格，取代了讲求形式华丽的巴洛克艺术风格。

罗科科艺术首先和表现在瓷器、丝绸、刺绣、竹刻、玉雕等上的中国艺术里，那种超脱、幽雅、纯朴和纤巧的风格相一致，然后由装饰艺术推向建筑和园林，这在德国和英国表现得比罗科科运动中心的法国要明显。

1719 年，德国的马克斯·埃曼纽尔设计建造了一座中国式的塔院，使用了罗科科风格的蓝白色作装潢。此后，这类中国风格建筑散布很广。荷兰海特·罗、法国香德庐也是这类中国风格的建筑。

英国艺坛对中国庭园素以迎合自然、追求飘逸、恬静为旨趣的造园艺术极为向往。英国威廉·邓波尔爵士、文论家约瑟夫·爱狄生、诗人亚历山大·蒲伯以及法国画家都对中国式园林大加赞扬，经过他们的论述，中国园林所特具的疏落幽雅的美景，对欧洲造园艺术产生了很大影响。中国式的钟楼、石桥、假山、亭榭相继在欧洲各国出现。

中国式样的室内陈设，从壁纸到家具，皆为时髦；饲养金鱼在 18 世纪的欧洲也成为附庸风雅的社会风气。中国式绢制的折叠扇取代了16、17世纪时流行的羽毛扇；法国仿制的丝绸图案全部仿照中国式样。皮影戏被引入，称为"中国影戏"。在路易十四倡导下，乘轿热风行全欧。

随着元曲《赵氏孤儿》法译本（1734）、英译本（1746）、德译本（1747）的出现，欧洲人对中国文学开始产生兴趣。后伏尔泰将之改为五幕剧《中国孤儿》在巴黎公演（1755）。1761年后，十才子书之一的小说《好逑传》先后被译为英、法、德文出版，中国文学在欧洲拥有了许多读者。

吉林农村一户农民家的家谱

清代在商店、大银号挂的武财神关公像

清朝

1721A.D. 清康熙六十年

是岁，历算家梅文鼎死。

1722A.D. 清康熙六十一年

十一月，圣祖死，皇四子雍亲王胤禛嗣，是为世宗宪皇帝，明年改元为雍正。

1723A.D. 清世宗宪皇帝胤禛雍正元年

以年羹尧为抚远大将军，经营罗卜藏丹津乱事。

1724A.D. 清雍正二年

正月，西宁郭隆寺喇嘛起应罗卜藏丹津，岳钟琪等击灭之。岳钟琪攻至柴达木，罗卜藏丹津溃败。

1725A.D. 清雍正三年

免年羹尧抚远大将军等职调为杭州将军。十二月，赐年羹尧自尽。

《古今图书集成》辑成。

1729A.D. 清雍正七年

命傅尔丹、岳钟琪分路出师以击噶尔丹策凌。

1721A.D.

俄罗斯与瑞典订立卢斯塔德和约，自此可保证波罗的海之出口。

孟德斯鸠著成《波斯人信札》。

1724A.D.

印度各省总督纷纷独立，德里皇帝号令不出国门。

1725A.D.

彼得一世卒，禁卫军拥立其继室即位，称凯塞琳一世。

1726A.D.

俄罗斯设立科学院。路易十五之教师主教夫勒里代波旁公为首相。自此掌握法国政权达17年之久。

斯威夫特著成《格列弗游记》。

1727A.D.

俄罗斯凯塞琳卒，彼得大帝之孙嗣位。

牛顿去世。

1728A.D.

在俄国海军中服务之丹麦人白令前往亚美之间，发现白令海峡。

1729A.D.

菲尔丁作喜剧。巴赫作受难曲。

1730A.D.

俄罗斯彼得二世卒，安娜获得其余贵族与禁卫军之支持，发动政变，仍得为专制女皇。

工理公会教派成立。

康熙盛世时期

康熙不上尊号

　　康熙六十年（1721）三月，群臣为庆贺康熙帝执政 60 周年，上疏恭康熙帝二十字尊号：圣神文武钦明睿哲大孝弘仁体元寿世至圣皇帝。四日，康熙召集诸王、贝勒、文武百官，诏谕道：从来所上尊号，不过将字面上下转换，这是历代相沿的陋习，不过用来欺诳不学无术的君主。自己以为是尊称，其实何尊之有！如今国家西部用兵，官兵披坚执锐，冒暑冲寒，劳苦已久；内地人民负重跋涉，挽运远道，疲困有加；另有受灾地区，民多受累。如今只有修省图治，使百姓受益，哪有什么值得庆贺的呢？康熙帝拒绝上尊号已有10 余次，他多次重申：如果诸王臣下，人人廉洁奉公，使人民各得其所，风俗淳厚，教化振兴，天下共享太平，虽不上尊号，令名实多。如政治不能修举，百姓不能安居乐业，既上尊号亦无益处。且此类活动铺张浪费，加重人民负担，对朝政更是有害无益。故决定不受此虚名。

商业集团兴起

　　清代商业的繁荣和商人的活跃都达到了一个新的高度。商业活动和商品的流通与某些特定地域联系在一起，形成一个个以地域或经营项目区分的商业集团。

　　确切说来，在明末商业集团就已出现，如较著名的有徽州、山陕、福建

招财进宝图

147

清代杂货铺柜台

北京清代"兴发号切面铺"的门面及招牌

和广东沿海以及江苏洞庭山、浙江龙游等地区的商业集团。入清以后，他们仍占据着中国的商业舞台，其中徽商和西商，仍然是最大的商业集团。商人占据市场流通总额绝大部分的经营项目是粮食、棉花和棉布、生丝和丝织品、盐、茶这几项大宗商品，而其他商品的流通总额最高也不会超过 100 万两。如徽商经营粮食、布帛、茶叶、竹木、陶瓷、纸墨、铁器、钱庄、当铺等项目；西商则从事粮食、布帛、茶叶、皮毛、瓷器、铜铁、铁庄、当铺、票号等行当，许多省区都有他们设立的商号，他们的足迹遍及全国各地。但是，这两个商业集团中拥有数十以至数百万资本的大商人都是盐业的经营者，他们和官府关系相当密切。由于清代仍袭明朝设立巡盐御史和盐运使司具体管理的制度，因此给实力雄厚根基牢靠的徽州和山陕的商业集团提供了钻营机会，只有他们才能花费极大钱财领到"引窝"

（贩盐许可证），并从中大盈其利。后来，随着和外国商业交往的日渐密切，出现了另一个势力雄厚、与官府联系更强的商业集团——广东洋行商人集团。

康熙二十三年（1684）清政府开海禁，1685 年设立粤海关监督，称为"行商"。"夷人到粤，宜令寓居行商管束稽查"，洋人如果向当地官衙呈递禀贴也必须由行商转呈。行商负责经销洋商进口货物，替洋商购置货物，并代扣进出口税，成为中国地方政府与外商间的中介人。康熙五十九年（1720），16 家势力最大的行商订立公行行规，垄断对外贸易；乾隆二十五年（1760），潘振成等9家行商又呈请设立公行（又名官行），专门办理西洋货税。这就是清新兴的广东洋行商人商业集团。

除此以外，清代还有隶属于内务府的商人，他们在清兵入关前主持张家口贸易，清兵入关后直隶内务府，承办毛皮、盐业等多种业务，还经办军国急需物资，成为著名的"皇商"集团，具体由王登库、靳良玉、范永年、王大宁等8家主持，在清时属于"权"、"钱"一统的商业集团。

商业集团的兴起，使清商品流通总额较之明代要大得多。在鸦片战争前，粮食、棉花、棉布、丝、丝织品、茶、盐等7种商品在国内市场上的流通总额约为34962.6万两。粮食主要是由开发中区域运往人口密度高、经济作物播种面积大而粮食紧缺的已开发地区，棉布和丝织品的运输则呈相反方向。盐是不可缺少的生活必需品，清产盐地区很多，盐商也极活跃，但每个盐区都有严格限定的行销区域，如最大的盐产地两淮所产海盐供应江苏、安徽、两湖、河南、江西6省的250个州县。清代茶业除少数州县实行"茶引"（贩茶许可证）制度外，可以自由贸易，不仅国内各地运销，也出口外国，很是兴旺。

康熙帝去世

康熙六十一年（1722）十一月十三日，康熙帝因病去世，享年69岁。康熙帝在位61年，其间殚精竭虑，勤于政事；用兵临戎，无所畏惧，曾平定三藩，统一台湾，亲征噶尔丹，进军西藏，业绩可嘉。平日力戒骄奢，节用爱民，不尚虚文，力行实政。在位期间，社会经济相对发展，文化政策以怀柔为主，提倡程朱理学，兼容

清圣祖康熙与四位皇后及一位皇贵妃的合葬墓——景陵

西方科技，整理文化遗产，对清代文化影响卓著。

康熙自康熙四十七年（1708）始，疾病缠身，年衰体弱。五十六年（1717）十一月起，大病70余日。病危时，面谕胤禛继承皇位。戌时驾崩。次日被追尊为合天弘运文武睿哲恭俭宽裕孝敬诚信功德大成仁皇帝，庙号圣祖。第二年（1723）九月一日，葬于景陵（清东陵）。

雍正帝即位

康熙六十一年（1722）十一月二十日，康熙帝第四子胤禛在太和殿即皇帝位，历史上称雍正帝。随后，他祭告天地、宗庙、社稷，公告天下，以明年为雍正元年。命隆科多为吏部尚书，封允禩、允祥为亲王，允禩兼管理藩院事，允祥管户部3库事务。

雍正帝胤禛像

雍正帝即位有其历史原因。在康熙晚年争夺储位的斗争中，雍正已暗结党羽，形成一派势力。其中，有十三皇子允祥，康熙内弟、近臣、贵幸隆科多，大学士马齐，川陕总督年羹尧等人。这一派力量很强，活动诡秘，未曾受到康熙帝的怀疑和指责。此外，雍正即位的优势还在于他自幼由康熙抚育，在康熙身边长大成人，而不是像其他皇子由别人抚育，远离圣驾。所以，雍正更能够善体圣意，问寒问暖，殷勤有加，深得康熙好感。雍正虽然私下里与诸皇子对立，在康熙面前却从不表露，相反，还常对诸皇子誉以美言。由于胤禛工于心计、手腕高明，因此深得康熙赏识，称赞他性量过人，深明大义，居心行事，有伟人气魄，并多次委以重任。康熙晚年重用胤禛的明显标志，是委托他查勘通州粮仓，以及代行主持南郊大祀。康熙晚年还经常让胤禛陪伴游园散心，康熙病重时，胤禛曾流泪照顾服药。由于雍正和康熙帝感情密切，未曾发生过裂痕；且在委以重任时亦表现出办事才干和忠孝品质，这样，康熙很早便对他深怀信任。在病危时刻，召集诸皇子到御榻前，面谕四皇子胤禛继承皇位，史称雍正帝。

在康熙晚年争夺储位的斗争中，康熙帝第八子允禩锋芒毕露，并形成了以他为首的一个政治集团。雍正帝继位后，自然将其列为主要的政敌。但是为了不操之过急，先稳住对手，便给予重用。雍正二年（1724）七月，雍正帝颁布亲书的《朋党论》，指责允禩等人结党，向其发出了一个信号。为最后孤立允禩，雍正帝先惩治了他的党羽，将苏努、允禵、允禟等人治罪后，于雍正四年（1726）正月发出上谕，历数允禩之罪状，并革去黄带子，削除宗籍。同年八、九月，允禟、允禩相继死于禁所，延续几十年的储位之争结束。

雍正帝即位之初，也颇有政绩，如建立密折制度、秘密立储制度，禁八旗子弟酗酒妄为，设立会考府，重设翻译科，实行摊丁入地制，清查亏空，整顿吏治，制驭太监，禁建生祠书院，建立朝考制度，豁贱为良，削除乐籍，削惰民丐籍等。

《历象考成》完成

康熙六十一年（1722），《历象考成》编成。

《西洋新法历书》颁行后，中国学者们不断进行学习研究，以著名数学家梅文鼎成就最大。康熙四十一年（1702）十月，他写的一部学习西法的入门著作《历学疑问》3卷被进呈给康熙。康熙皇帝本人也很重视实测并亲自测量日影，他发现新法历书中一些数据已不够准确，于是接受了梅文鼎的观点，决

保存完好的古代地方行政机构理事场所河南内乡县清代县衙博物馆。

定重新编修《西洋新法历书》，改正该书缺乏中国学者的理解且叙述不够清晰系统的缺点，订正其中错讹和图表不合之处的缺陷，编修一部经中国学者再解释后容易明白且已修订错讹的新书。

康熙五十年（1711）康熙帝下诏，要求礼部考取效力算法人员，加强实测，康熙五十三年（1714）又下令测定了新的黄赤大距为23°29′。他还派人奔赴福建、广东、云南、四川、陕西、河南、江南、浙江8省进行实测，得出大量第一手测量数据。经过不断努力，在康熙六十一年（1722），历时9年的《历象考成》的编纂工作终于完成。

《历象考成》修订后分为上、下编，在总体上仍沿用《新法历书》的第谷体系，并继续采用了第谷定的大部分天文数据。因此虽然在条理上、逻辑上有了一定的进步，纠正了一些差错，但从天文学意义上看，并没有取得多大的进步。

雍正八年（1730）六月，监正明安图奉诏重修了日躔、月离两表，附于《历象考成》后面。乾隆二年（1737），清政府组织戴进贤、徐懋德、明安图、梅毂成、何国宗等数十人进行增修《历象考成》的工作，将开普勒第一、第二定律运用进来，用椭圆运动定律和面积定律替代过时的小轮体系，增补了有关视差、蒙气差的理论的采用值及计算月食时考虑地球大气对地球半径的影响等新内容，共增修成书10卷，题名为《历象考成后编》，于乾隆七年（1742）全部完成。

《历象考成》及其《后编》的完成，使中国天文学家对欧洲天文学有了更深的了解，促进了中国天文学的发展。